NY《ニューヨーク》で学んだ最高の魅せ方

自分を100%輝かせる
セルフプロデュース術

原田眞里

あさ出版

はじめに

特に美人というワケではないし、飛びぬけておしゃれ上手というワケでもないのに、なぜか目を引くあの人。

明るい笑顔が素敵で、いつも多くの人たちに囲まれている。

仕事も順調なようだし、毎日が楽しそう。

気になって、ついSNSをチェックしてしまう。

自分らしく、イキイキと輝いている彼女がすごく魅力的で憧れる。


このような女性、あなたの周りにいませんか？

もしくは、SNSで見かけたことはないでしょうか。

特に美人というワケでも、おしゃれ上手というワケでもないのに、「イキイキと輝いている人」「憧れられる人」は、なぜそう見えるのでしょう？

それは、彼女たちが、**自分を「好印象に魅せる」方法を知っているからです。**

好印象に魅せることができれば、数多くの人の中にいても埋もれることなく、キラリと輝きを放つことができます。

職場の人や仕事相手、お客様、友人、異性から、

「あなたに会いたい」

「あなたにお願いしたい」

「あなたと一緒に〇〇したい」

と言われ、**選ばれる人**になることができます。

また、自信がつき、毎日が楽しく、人生が輝き出します。

では、どうすれば**好印象に魅せる**ことができるのでしょうか？


私は、ニューヨークと東京で長年、ファッションデザイナー、コーディネーター、セレクトショップのバイヤーなど、アパレル業界の最前線をひた走ってきました。

その中で、おしゃれにとても気を遣っているのに、今ひとつパッとしない、印象にあまり残らない人がいることに気づきました。

もちろん、「見た目」に気を配ることは大切です。けれど、**見た目だけを磨いても、相手に好印象を与えることはできない**のです。

このことに気づいた私は、アパレル業界での長年の経験をもとに、10年前に隠れ家サロンをオープンしました。現在は、好印象プロデューサーとして、「好印象に魅せる」方法を多くの方々にお伝えしています。

おかげさまでサロンは多くの方々に支持され、これまで8000人以上の方々の印象作りをサポートさせていただきました。

サロンには、様々な方がお越しになります。その中には、

・起業してみたものの、多くの同業者やライバルの中から、どうすれば**自分を選んでいただける**のか？　**自分の商品・サービスを利用していただける**のか？

・転職したいけれど、面接での**自分の「魅せ方」がわからない。**どうすれば**「採用される」**ようになるだろう？

・**自分を認めて「自分を好きになる」**にはどうすれば良いだろう？

・実績にも実力にも十分な自信があるけれど、集客するためには、**どう自分を「アピール」**すればお客様の**「目にとまる」**だろう？　どうすれば仕事で**「指名される」**ようになるだろう？

など、

「自分の〝魅せ方〟を知って、効果的にアピールするにはどうすれば良いの？」

と、悩んでいる方が多くいらっしゃいます。

人にどう見られているのか不安、似合うものがわからない、自分をどう魅せたら良いのかわからない、自信が持てない、選ばれる人になりたい……。

本書では、このようなお悩みを抱える方々に向けて、**好印象をセルフプロデュースする方法**をお伝えします。

難しいことは何ひとつありません。

大切なのは、**「ファッション」「アクション」「マインド」の3つの軸。**

この3つの軸の整え方がわかれば、好印象を手に入れることは簡単です。


「ファッション」とは、装い、色使いのこと。

「アクション」とは、笑顔をはじめとする表情、話し方、姿勢、身のこなしのこと。

「マインド」とは、心の在り方、考え方のこと。


この3つの軸で作る「好印象」は、10年に及ぶニューヨークでの実体験と、アパレル業界での長年の経験に裏打ちされた、「魅せ方」の極意です。

本書を読むことであなたは、**「自分の生き方に自信がつき」「自分を100%活かして輝き」「3秒で心をつかみ選ばれる」**ようになるでしょう。

さあ、自分らしく輝くための最初の一歩を踏み出しましょう！

好印象プロデューサー　原田眞里

目 次

Chapter 1
好印象とは何か

Chapter ❊ 2

ファッション「色彩術」

Chapter 3
ファッション「服装術」

Chapter ❈ 4

アクション

目次

Chapter ❈ 5
マインド

Chapter 6
「選ばれる人」になる方法

イラスト／長嶋道子
協力／合同会社 DreamMaker

プロローグ

「ファッションデザイナーになる！」

幼い頃からの夢を叶えようと、私はニューヨークでデザインを学び、ニューヨークのアパレル企業で働きました。

「食うか食われるか！」「勝つか負けるか！」の戦闘態勢で生きているのがニューヨーカー。経済界からショービジネス、ファッション、小売り、レストランビジネスなど、様々な業界において、人々は日々、戦っています。

天国も地獄も、同時に存在するのがニューヨークです。「何でもあり！」が許されている、懐の深い街でもあります。

そんなエネルギーが渦巻くところで、私は多感な10代から約10年間暮らしました。

プロローグ

商社勤務だった父の転勤で私がニューヨークへ渡ったのは、高校卒業式の翌日。Fashion Institute of Technology という、ニューヨークのアパレル業界全体がスポンサーとなり後援している学校に入り、水を得た魚のごとく様々なことを吸収した私は、実力を評価され、成績最優秀者として卒業を迎えました。

せっかくならアパレル業界で経験を積んでから帰国したいと、転勤を終えて帰国する親と離れ、ひとりニューヨークに残ることに。「成績最優秀者の私なら就職先はいくらでもあるはず！」と、高をくくっていました。

ところが、いくら面接に行っても、雇ってくれる企業は一向に見つかりません。ある日、面接でこう言われました。

「あなた、学校を卒業したばかりで実務経験はゼロでしょ？　なんの技術も提供できない人にお金を払って雇う企業なんてあるワケないじゃない。そんなこともわからないの⁉」と。

私には返す言葉がありませんでした。

「なんとか履歴書に『経験アリ』と書かねば！　でも、どうしよう……？」と途方に暮れる私の目に、ひとつの求人広告がとまりました。

【アシスタントデザイナー募集／3カ月／無給】

（む、無給〜⁉　でも、こんな求人に応募する人は少ないだろうから採用してもらえるかも！　そうすれば経歴になる！）

そう思った私は早速応募。面接を経て、採用が決まりました。

「ヤッタ〜！」と喜んでいられたのはつかの間。アシスタントデザイナーとは言ってもただのパシリでした。

大きな磁石を持って床にはいつくばって針拾いをしたり、本社へ汗だくになりながら走って書類を届けたり、タバコやお菓子、文房具などスタッフ全員の買い物を代行したり、怒鳴られたり、買ってきたものの代金を立て替えたままにされたり……。

アトリエの空気も常に厳しく、緊張感が張りつめていました。厳しいオーナーデザイナーのもと、「自分こそ認められたい！」と、スタッフ全員が競争していましたから。

その間をぬって私は、アトリエでの作業を「見て」覚えようとしました。

誰も何も教えてくれないので、自ら進んでミシンかけを手伝い、細いストラップの縫い方のコツもこっそり覚えました。文句も言わず日々、黙々と積極的に仕事をする私を見て、オーナーデザイナーは不審に思ったようです。3カ月経つ前のある日、こう言い放たれました。

「You are fired!（クビ！）　明日から来る必要ないわ。あなたは自分の意見を言わないし、何を考えているのか全くわからない！」

（あまり喋らないのは英語が上手く話せないからだし、黙々と作業したのは集中していたからなのに……）

私は、彼女の言葉に言い返すこともできず、涙を流しながらアトリエを後にしました。

さて、クビになったからといって、泣いてばかりいるワケにはいきません。

「立派な経歴」を履歴書に書き加えた私は、とあるアパレル企業の3カ月の試用期間への参加権利を手に入れました。採用枠・経験者若干名の募集へ、男女7人の参戦です。

職場には、「我こそは！」と出世や昇進を狙う人たちが集まっていて、戦々恐々としていました。私は、英語も上手く喋れず、なんのとりえもありません。また、当時は今よりもアジア人への風当たりが厳しく、誰にもロクに口を利いてもらえず、何も教えてもらえませんでした。

「前回の教訓を活かして、なんとか自分を印象づけよう！」と必死だった私は、とにかく工夫を凝らしました。古着をアレンジして着て行ったり、服装に和風テイストを取り入れたり。不自由な言葉を補うために表情にも気を配り、常に笑顔を心がけました。もちろん、仕事にも一生懸命打ち込みました。そうするうちに、周囲は私に興味を示してくれるようになりました。

そして試用期間が明けたとき、**同期7人の中で本採用に選ばれたのは、なんと「私ただひとり」**でした。

このときの経験は、私に**「印象づけることの大切さ」**を教えてくれました。

ニューヨークの女性たちには圧倒的に「アピール力」があります。

アピールしたもん勝ち。アピールしないと負け。ニューヨークでは、皆が競争しているのです。「私はこんなに素敵！」「私の才能はこんなにスゴイ！」「私はこんなことができる！」と、自分を「魅せて」戦っているのです。

こんな言葉があります。

Appearance…物の外観、見かけ。人の容姿、風ぼう。

ニューヨークの女性はよく、「Appearance is everything」と言います。「人は見た目が重要、見た目がすべてよ」という意味です。

でも私が見る限り、ほんのひと握りの人たちを除いて、見た目の良いニューヨークの女性って意外と少ないのです。日本人のほうがずっと清潔感があるし、おしゃれに気を配っているし、体型もスリムでバランスが良いのです。

さほど見た目に気を配っていなくても、ニューヨークに住む女性の持つ圧倒的な存在感、アピール力は、日本人のそれとは比較になりません。

彼女たちの存在感、アピール力は一体どこから来るのでしょう？　それは、**自信**です。

約10年間のニューヨーク生活で私は、「自信を持たないと相手の印象には残らない、覚えてもらえない、選ばれない、生き残れない」ということを叩き込まれました。

帰国してから長年、多くの女性の印象作りのサポートをしてきて思うのは、「日本の女性は自分に自信のない人が多いなぁ」ということです。両親、パートナーや子ども、仕事関係者や友人。そんな周りとの関係を気にして、気を遣って遠慮しながら、「控えめ」に生きている女性がとても多い。自らをワクにはめていたり、行動に制限を設けていたり、自分の心にフタをしていたり……。

けれども、混沌とした今の時代、「控えめ」だけでは生き残れません。

「選ばれる」ために必要なのは、**「好印象」**です。婚活や就活でも同じです。

「好印象に魅せて」、常に「選ばれる」自分になれば、自信も自然と手に入ります。

そうすれば、自分らしく、これまでよりさらに輝いて生きることができるようになるでしょう。

Chapter ❊ 1

好印象とは何か

印象とは、その人の「在り方」を表したもの

さて、「印象」とはそもそも何でしょうか？　インターネットで検索してみると、

人間の心に対象が与える直接的な感じ。また、強く感じて忘れられないこと
（デジタル大辞泉）

と出てきます。

つまり、**人に与える、または人から受ける「イメージ」**です。

例えば、「私って優しいのよ、明るいのよ、包容力があるのよ」などというイメージを相手に与える。逆に相手から「この人って恐そう、冷たそう、厳しそう」などというイメージを受け取る。視覚と聴覚を主とした五感で受ける・与える様々な情報をもとに、「想像する・想像させる雰囲気」です。

「第一印象が大切」だということは、多くの人が認識していることだと思います。まさに、**人の第一印象は見た目が9割、最初の3秒で決まります。**

第一印象における「見た目」とは、服装や身だしなみ、表情、目線、身のこなし、色使いなどの**「視覚情報」**です。また、初対面では相手の顔を見ながら声を聴くので、声の大きさやトーン、言葉使い、あいさつの仕方などの**「聴覚情報」**も見た目に含まれます。

さて、最初の3秒で受け取った第一印象も、時間の経過とともに、「あれ？ 最初の印象とは違う」と思うことはありませんか？ そうなのです。**「印象は生もの」**なのです。

相手の自己開示のレベルに応じて受ける印象は変化します。また、お互いの関係性の深まり方や、人の成長度合いによっても変化するものです。

なぜなら、**印象は「人となり」「生き方」を表したもの**だからです。その人の日頃の在り方が空気感となって伝わるエネルギーとも言えます。

印象とは、その人の「在り方」を表したものなのです。

ボタンの営業マンに学んだ「印象」の大切さ

私が「印象」について深く考えるようになったのは、ニューヨークでのある出来事がきっかけでした。

ニューヨークのデザインルームで働き始めてしばらくの間、お小遣い稼ぎの目的で平日の夜と週末のランチタイムに、当時注目のジャパニーズレストランでホールスタッフのアルバイトをしていました。

その頃の私は、ようやくファッションデザイナーとして認められ、それなりに仕事をして結果を出し、評価されていました。

専用のデザインルームが与えられ、自分ですべて好きなように選ぶ権利も与えられていました。何をどうデザインするかはもちろん、自分のアシスタントから、使う生地、使うプリント柄……すべてデザイナーである私の責任で決めて良いのです。

私のデザインルームには、毎日のように多くの営業マンが売り込みにやって来ては

皆、口々に、

「私の扱っている生地は最高級ですよ！」

「こんな丈夫なボタンは、どこを探しても他にはないですよ！」

「あなたみたいに才能あふれるデザイナーに使ってもらえたら光栄です！」

と、満面の笑みでお世辞を言って、上手に売り込みをかけてきました。


話は変わりますが、ロシア出身のユル・ブリンナーという人物をご存知でしょうか？

『十戒』『荒野の七人』『王様と私』など、多数の映画や舞台に出演した俳優です。

当時はアカデミー主演男優賞に輝いた『王様と私』のブロードウェイミュージカルが大きな話題となっていました。

実は、前述の私のバイト先であるジャパニーズレストランに、ユル・ブリンナーがときどき姿を現していたのです。

彼が現れるのは、決まって土曜日のランチタイム。いつも、黒いシャツに黒いパンツというカジュアルな装いで、キリッとした意志の強そうな美しい顔立ちの中に、キラキラと輝く澄んだ瞳が妙に印象的な若い女性と待ち合わせていました。

ユル・ブリンナーは小柄でしたが、放つオーラはとても強く、まさに王者の風格といった感じでした。そして何より驚いたのは、店のスタッフに丁寧に接することでした。店に入って来るときは、皆にゆっくりと頷いてスマイル。帰るときも頭を下げて静かに「Thank you」とひと言。

店を訪れる有名人は他にもいましたが、その多くが横柄な態度や受け答えをしていた中、ユル・ブリンナーの丁寧な心ある態度はとても印象に残りました。

ある日、ひとりの男性客が店を訪れました。高級そうなスーツに身を包んではいるものの、品のない態度です。内容は覚えていませんが、まるで私を召使いのように見下して、「自分のほうが偉いんだぞ！」と言わんばかりにふんぞり返って文句を言ってきました。

「どこかで見たことがあるな、この人……」

しばらくして思い出しました。デザイナーである私のところに売り込みに来た、ボタンの営業マンだったのです！　なんとか発注してもらおうと、散々営業トークをして帰って行った人でした。

デザインルームという場では、営業の自分よりデザイナーである私のほうが優位。だから媚びる。レストランでは、客としての自分のほうが優位。だから威張る。しかも散々媚びを売った相手なのに、彼は私の顔を全く覚えていませんでした。

人種や仕事、立場は違っても人は皆、平等です。

ユル・ブリンナーはちゃんとその基本をわきまえた、「人としての在り方」を示してくれました。

反面、ボタンの営業マンは、卑屈でちっぽけな存在に感じられたのを、今でも鮮明に覚えています。

この両極端な出来事は私に、**「在り方」による印象の違い**を教えてくれました。

ファッションだけでは人の印象を良くすることは難しいと知った私は、この出来事がきっかけで、「好印象」について深く考えるようになったのです。

好印象で得られること① 自信がつく

先ほどのボタンの営業マンの話は極端な例ではありますが、外見だけ着飾っても相手に好印象を与えることはできない、ということはおわかりいただけたかと思います。

「はじめに」でもお話ししたように、**好印象を身につけるには、「ファッション」「アクション」「マインド」の3つの軸が大切**です。

色使いを含めた装いも、表情や身のこなしも、そしてものの見方、心の在り方といったすべてが、好印象を構成する大切な要素となります。どれかひとつが欠けても不十分なのです。

それぞれについて詳しくお話しする前に、好印象に魅せる方法を身につけることで得られる変化についてご紹介しましょう。

私のサロンには、仕事や就活、婚活の場において、また、家庭や日々の人間関係の中で、自分の魅せ方やアピールの仕方がわからない、と悩む方々がたくさん来られますが、「好印象に魅せる」方法を身につけると、皆さんに多くの変化が起こります。

好印象を手に入れる最大の変化でありメリット。それは**「自信がつく」**ことです。

なぜ自信がつくのかというと、それは**今まで気づかなかった自分の素晴らしさに気づき、新たな可能性に目覚めるから**です。

もし今あなたに自信がなくても、本書を読み進めるうちに「あ、好印象ってそういうことなんだ」「なるほど、こうすれば良いのね」と気づくと思います。

でも読んで理解しただけでは何も始まりません。本書から得た秘訣を、ぜひ実際にやってみてください。行動に移すことで初めて、それはあなたのものになるからです。

「これで良いのかな？」と思いながらも行動を積み重ねていくと、やがてそれは確信に変わります。確信が積み重なると、それは自信へと成長していきます。

「私は私らしく在っていいんだ」と気づき、自分の人生を自分らしく歩み始めることができるようになります。

そしてその自信は、あなたをさらに魅力的に見せてくれることでしょう。

好印象で得られること② 人、情報が集まってくる

印象が良くなり自信がついてくると、笑顔も明るくなります。

また、物腰も柔らかくなり、ときに大胆に、ダイナミックにと、臨機応変に振る舞えるようにもなります。

周囲に対する態度も優しくなり、人や物事を受け入れられるようにもなるはずです。自信がつくことで余裕が生まれるからです。

話す内容も前向きで明るく楽しいものとなり、**自然と人や情報があなたに集まってきます。**

かぐわしく咲き誇る花の周りに、蝶々やミツバチたちが集まるのと似ています。明るい陽の光を求めて花が育つのと同じです。

暗黙のうちに、人は光を求めて生きています。常に明るいエネルギーを発して前向きな話題を提供する人のもとには、ごく自然に人が集まるのです。

人が集まると情報交換も活発になります。

印象が良くなり自信を得た人は、もたらされた情報を決して独り占めしたりはしません。心に余裕がありますから、他の人たちとシェアします。

すると、その情報を求める人たちがさらに集まってくるという循環が生まれます。自分が発した良い印象は、プラスのエネルギーとして相手に受け取られ、受け取った相手からは、さらにプラスアルファされたエネルギーが自分に戻ってきます。

「まさにエネルギーのキャッチボールだな」と、私は受講生の方々たちと接して、いつもそう思います。

このように好印象を身につけると、自然と「エネルギーの相乗効果」が生まれ、人や情報が集まってくるようになります。

好印象で得られること③　「選ばれる人」になる

商品・サービス内容、価格、経験値などがほとんど同じようなレベルの場合、大勢の中から選ばれるのは、間違いなく好印象の人でしょう。

例えば就活。もし面接に来た女性10人全員が同程度の能力を持つ場合、選択基準は何になるでしょうか。職種によって多少の違いはあるかも知れませんが、与える「印象」は大きく結果を左右するはずです。少なくとも私は、「印象」で選ぶでしょう。

婚活で考えてみましょう。婚活パーティーに参加している男性の年齢、学歴、収入、家庭環境、見た目などがそれほど変わらない場合、あなたは何を基準に相手を選びますか？

魅力的に感じるポイントは人によって違いますが、総合的には、やはり一番印象の良い人ではないでしょうか。

もうひとつ例を挙げます。

A子さんとB子さん、それぞれが経営する2軒のエステサロンがあります。サイトを見ると、お店の雰囲気はどちらも落ち着いていて良い感じ。サービスメニューも同じような内容で価格もリーズナブル。2人の経歴などを比べても大きな差はありません。

ところがA子さんに比べ、B子さんの自己紹介ページにある写真は明るくて感じが良く、清潔感があります。そして何よりも、彼女のエステに対するお客様への想いや夢が語られていて、とても印象が良いです。

さて、あなたならどちらのエステサロンを選びますか？

B子さんのサロンに予約を入れるのではないでしょうか。


このように多くのシーンにおいて、**好印象は必須**です。

印象が良くなるにつれ自信がつき、人や情報が集まるようになってくると、人の目にとまる機会が増えます。注目され、覚えていただけるようになります。

すると、**自然と「選ばれる」**ようになります。

無理に自分を押し売りしたりしなくても、向こうから「あなたにお願いします」と言っていただけるようになるのです。

好印象で得られること④　丁寧に扱われる

整った外見と明るく柔らかな物腰の印象の良い人は、様々な場所で丁寧に扱われます。

もしあなたが、おもてなしをする側の立場だとしたら、そのようなお客様に対して一目置きませんか？　ごく自然に、丁寧に対応することでしょう。印象の良いお客様に対して相応しい自分でなければ、と思うはずです。再度ご来店いただくためにも、ご満足いただけるように最善を尽くすでしょう。

ニューヨークの格の高いレストランでは、来店客を吟味します。入り口にはスーツを着用した案内係がいて、その人の判断でどのテーブルに案内されるかが決まります。ハイクラスで好印象な人たちとそうでない人たちとでは、案内されるテーブルの場所が違うのです。

見るからにハイクラスで印象の良い人たちは、レストラン中央の一番目立つ場所にある、上顧客用のテーブルに案内されます。イヤでも周りから見られる位置です。店側はそんなお客様を、ある意味でお店の宣伝として使うのです。

初めてそんな高級レストランに予約を入れたのは、友人の誕生日を祝うためでした。当日は25歳の自分にとって、最高レベルのおしゃれをして行きました。

お店では黒服を着た案内係がにこやかに迎え入れてくれ、私たち2人を上から下まで、実に柔らかい眼差しで見た後、「どうぞ、こちらへ」と案内してくれました。通されたのは、お店の一番隅にある、化粧室への通路に一番近いテーブル席。

決して悪い場所ではありませんでしたが、どんなにおしゃれを頑張っても、それなりの印象しか与えられなかった、という現実を受け入れざるを得ませんでした。

好印象を与えることができれば、基本的にどのような場所でも丁寧な扱いを受けることができます。

逆に印象が悪い場合は、適当に扱われる、下手をするとぞんざいに扱われることになってしまいかねません。

好印象で得られること⑤　大切な人が喜ぶ

あなたの印象が良くなることで一番喜ぶのは誰だと思いますか？

それは一番近しい人です

以前、サポートをさせていただいた女性の話です。

彼女は、とても悩んでいました。

「長年連れ添うと夫婦間の会話はなくなるし、朝食の席で向かい合っていても、主人は新聞を広げて視線すら合わせないんです」と。

ところがある朝、朝食の席で事件は起こりました。彼女が、私がご提案した最も印象良く見える色合いの服を着ていたところ、旦那様はパッと新聞を置いて、「その服、どうしたの？」と笑顔で言葉を発されたとのこと！

「本当にビックリしました！」と嬉しそうに話す彼女を見て、私もとても嬉しかったのを覚えています。

歯の浮くような褒め言葉はないにしても、変化に気づいて笑顔で声をかけたということが、旦那様が彼女を見て良い印象を受けた証です。

このように、**印象が良くなると、大切な人との間に嬉しいエネルギーが巻き起こります。**

誰だって、自分の身近な人――パートナーであったり、家族であったり、仲の良い友人など――が好印象を身につけることで自信を持ち、イキイキと輝いているのを見ると嬉しいものです。

自分の印象に気を配りさらに良くしていくことは、決して自分だけのためではありません。誰よりも一番近しい大切な人たちのためにもなるのです。

「選ばれる人」になるための印象戦略

もともと持っている自分らしさをベースに、戦略的に意図するイメージを作り上げることを**「印象戦略」**と言います。

好印象であることはもちろん、ピンポイントで「選ばれる」ためには、相手や目的に合わせて自分を印象づける必要があります。

例えば、

高額商品を扱うのなら、高級感を、

楽しさを提案するのなら、ワクワクするような雰囲気を、

癒しのサービスを提供するのなら、やすらぎの空気感を、

それぞれ打ち出し、「選ばれる」ためにアピールするのです。

印象戦略を成功させるためには、装いだけに気を遣えば良いということではありません。

「ファッション」「アクション」「マインド」の、3つの軸のバランスを整えることが重要です。

誰が見てもおしゃれでセンス抜群なのに、人の悪口、うわさ話ばかりする。このように「ファッション」だけが良くても不十分。

美人でスタイル抜群、笑顔は明るく、姿勢も良いのに、身につけるものが安っぽい。このように「アクション」だけが良くても不十分。

誰に対しても優しく親切で思いやりがあるのに、姿勢が悪くて動作もガサツ。このように「マインド」だけが良くても不十分。

3つの軸が偏ることなく、バランス良く整ってこそ好印象であり、印象戦略が成功します。

ちなみに、バランスを欠いた印象のことを私は、**「残念象《ざんねんしょう》」**（残念な印象）と呼んでいます。

では、3つの軸について詳しくご説明しましょう。

3つの軸① ファッション

ファッションは、あなたという「商品」を包む、包装紙の役割を果たします。包み方が美しく整って魅力的であればあるほど、商品への期待感も高まります。

中身がどのようなものなのか？　包装の仕方である程度、想像がつくのと同じで、装い方は、あなた自身、あなたの商品・サービスを物語るものです。

だからこそ、ファッションはとても重要です。

ここで言うファッションとは、装い、色使いに関することです。

わかりやすいように、私は装いについては、**「服装術」**、色使いに関しては、**「色彩術」**と呼んでいます。

「ファッション」と「服装術」には違いがあります。

ファッションとは、好きだから身につけるもので、古着のリメイクでも、ハンドメイドでも、デザイナーズものでも、どんなに派手でも地味でも、誰かに迷惑がかからない限り、自分の個性に合わせて好きに楽しむものです。

一方、服装術は、単に好き嫌いで着るものではありません。相手にどのように自分を印象づけたいかという、**相手ありきの印象戦略に基づいた装い方**です。「より明るい印象にするには？」「信頼感を表現するには？」「親しみやすさを感じさせるには？」など、打ち出す目的に応じて、アイテム、素材感、ボリューム感などを含めて、服から小物、アクセサリー使いまで、装い全体を考えます。

また、「どうすれば体型コンプレックスをカバーできるのか？」「どうすればより魅力的に魅せることができるのか？」ということも含めた、**自分という素材を活かした魅せ方の方法**でもあります。

「色彩術」も同じです。「好きだから（似合うから）身につける色」ではなく、「より信頼感を表現するには？」「より親しみやすさを感じてもらうには？」「よりプロらしさを表現するには？」などの角度から、戦略として色を吟味します。

自分に似合う色は、パーソナルカラー診断（※50ページ参照）で見つけることができます。

でも、診断結果で導き出された似合う色さえ身につければそれでOKとは、一概には言えません。

また、似合う色がわかったところで、上手にカラーコーディネートができるのかどうかは別問題です。「色の使い方がわかりません」という方はとても多くいらっしゃいます。

「色彩術」「服装術」については、Chapter2、Chapter3でより詳しくお話しします。

3つの軸② アクション

より良い人間関係を構築する上で、コミュニケーションは欠かせません。伝えるべきことが相手に伝わり、正確に理解されるためには、コミュニケーション技術を磨く必要があります。良いコミュニケーションのために必要なのが、アクションです。

ここで言うアクションとは、動作表現のことで、笑顔をはじめとする表情、話し方、姿勢、身のこなしなどが含まれます。

前述の「服装術」「色彩術」が完璧だとしても、マネキンとは違い、人間は話もするし動き回ります。

コミュニケーションを円滑にするための動作表現は、印象を左右する重要な要素のひとつです。それを私は、**「アクションテクニック」**と呼んでいます。

中でも重要なのは、**「話し方」**です。「話し方」が上手だと、聞き取りやすく、話がきちんと伝わります。コミュニケーションもスムーズに行えて、好印象を抱いてもらいやすいです。

話すスピード、間のとり方、声のトーンなどが大切です。

話し方と同様に大切なのが**「表情」**です。豊かに反応することで、傾聴していることを相手にしっかり示せます。

驚き、共感、納得、好感、同意、尊敬など、言葉で多くを語らずとも表情がそれを代弁してくれます。

ごく基本的な表情筋トレーニングを心がけるだけでも、十分に自然な表情を作ることができるようになります。

「姿勢」も重要です。装いがどんなに素敵でも、丸い背中で首を前に突き出した姿勢では魅力が半減してしまいます。顔を上げて胸を張っていて背筋が真っすぐな人には、堂々と自信がある印象を抱くでしょう。

姿勢は日々の生活習慣で作られます。ほんのちょっとしたしぐさや身のこなしの中に、実は好印象の種が潜んでいるのです。

これらのアクションテクニックについては、Chapter4でより詳しくお話しします。

3つの軸③　マインド

好印象を作る上で最も重要なもの。それは、マインドです。実は、目には見えない**マインドが、ファッションやアクションなど見える部分を形作っているのです。**心の在り方が、好印象を左右するのです。

マインドとは、心の在り方、考え方、信念などを指します。

「外見とは、見えない内面の一番外側にあるもの」だと聞いたことがありますが、まさにその通りです。

「見えるものは見えないものの表れ」とも言いますね。表情や話し方、身のこなしやしぐさなどの動作表現はもちろん、装い方など目に見えるものにはすべて、日頃の生活態度や心の状態が表れます。

目に見えない心の状態や考え方がカタチとして表れたものが、「印象」となって人の目に映ります。ですので、このマインドこそが、好印象を作る上で最も重要なものと言えるでしょう。

好印象を身につけるには、**ブレない心の軸**を定める必要があります。

たとえどんなに美しく着飾ってみても、どれほど正しいマナーでお行儀良く振舞ったとしても、どんなに素敵な笑顔を作っても、心が伴っていなければ表面上の美しさにしかすぎません。

心の軸がしっかりと定まり、本当の意味で自信があれば、そこには自然と存在感が漂います。シンプルベーシックな装いだとしても、どこで何をしていようとも、心の軸が定まった人の空気感はどこか違います。

小手先のテクニックや技術は、得ようと思えばいつでも得られるでしょう。でも心が伴っていないと、テクニックや技術が崩れるのは時間の問題です。

「心の在り方、考え方が見た目のすべてを左右する」と言っても過言ではないでしょう。

とは言っても、マインドを磨き強化するのは簡単なことではありません。時間もかかります。

そこで私は、まず外見を整え、磨くことをおすすめしています。

外見が整い変化すると、自分でも「あれ……？」と何かを感じるでしょう。「私は変わることができる！」と、自分の可能性に気づくからです。

外見と内面はつながっているので、外見が内面に刺激を与えるのです。特に女性は見た目が良くなると、内面に大きく影響します。それが自信につながっていくのです。

自信は存在感となって、身にまとうすべてに輝きを与えます。

マインドについては、Chapter5でより詳しくお話しします。

このように、「ファッション」「アクション」「マインド」の3つの軸が、どれかに偏りすぎることなく、バランス良く整うことで初めて、好印象を与えることができるようになり、選ばれる人になることができます。

では、「好印象に魅せる」ための、詳しい方法をご紹介していきます。

Chapter ✻ 2

ファッション「色彩術」

何よりも印象に残るのは色使い

黒髪のその女性は、真っ黒なカシミアのロングコートに、目にも鮮やかな真っ青なマフラーと、同じく真っ青な手袋をしてランチミーティングに現れました。

黒と青との鮮やかな色のコントラストがあまりに衝撃的で、そのときの光景はいまだに脳裏に焼きついています。

その人物とは、パーソナルカラー診断を日本に紹介したキャロル・ジャクソンです。

パーソナルカラーとは、個人の肌、瞳、髪、頬、唇に最も馴染むカラーのことで、美しく引き立てて顔色が明るく映える「似合う色」のことを言います。

当時、私はニューヨークと日本のファッションビジネスの橋渡しをする、東京にある企画会社に籍を置いていました。その会社の社長がキャロル・ジャクソンと知り合いで、パーソナルカラー診断を日本に紹介するためにキャロルが来日したのです。

キャロルとの2回目の出会いはかなり時間を置いてからで、私がイメージコンサルタントの資格を取るためにパーソナルカラー診断を学び始めた頃でした。手にしたパーソナルカラー診断の本に、著者としてキャロルの顔写真が載っていたのです。彼女の写真を見た途端、私の頭の中に、あのときの鮮やかな黒と青がまざまざとよみがえりました。

色が人に与える印象の強さについて、身をもって感じた出来事でした。

知らない人たちがたくさん集まる交流会、勉強会、パーティーなどに参加して会場を出た後、あなたはどのくらい交流した人たちの名前を覚えているでしょうか？

正直に言えば、私はいつもほとんど覚えていません。でも、

「あのフューシャピンクのニットを着ていた人、何というお名前だったかな？」

「真っ白のスーツ、カッコ良かったな」

など、色で覚えていることがあります。

「第一印象は見た目が9割」と言われるその見た目には、服装や表情、しぐさ、そして色使いなどが含まれますが、**何よりも印象に残るのは色使い**なのです。

色にはパワーがある

ニューヨーク生活を始めたとき、特に印象的だったのは、**「ニューヨークの人たちって、なんてカラフルなんだろう！」**ということでした。

子どもや若者はもちろん、おばさま方まで、会う人会う人、とても華やかだったのです。白髪のおばあちゃんたちも、ピンクやイエロー、ピーコックグリーンといった、明るくキレイな色を身につけていることに驚きました。

人々の装いのみならず、インテリアや街並みに至るまで、ニューヨークでは色が大胆に使われていました。

ここでは、色を自在に使いこなす、ニューヨーカーから学んだ色の使い方についてご紹介します。

その前に、まず**色が持つパワー**についてお話ししましょう。

色に惹かれた私が最初に学んだこと。それは色が持つパワーについてでした。

そもそも色とは、「光（電磁波）＝波長」によって生み出されます。

波長にはX線、ガンマ線、紫外線などに代表される見えない短い波長と、電波、赤外線、電子レンジのマイクロ波などに代表される見えない長い波長があります。

その間に「可視光」と言われる目に見える波長の領域があり、色はそこに存在します。

赤には赤の波長、緑には緑の波長、青には青の……というように、それぞれの色ごとに波長は異なります。

その波長に応じて、その色特有のパワーがあります。

色ごとに、その色が持つパワーについて簡潔にまとめてみましょう。

✻黄色＝キーワードは希望、楽しさ、やる気

光に最も近い色。希望に満ちた期待感のある前向きなパワー。

黄緑色＝キーワードは新鮮さ、若々しさ、新しいスタート

新鮮でフレッシュなイメージの色。新たに芽吹く、新たに誕生するパワー。

緑＝キーワードは調和、安全、癒し

樹々から受け取る癒しの色。バランス良く調和するパワー。

青＝キーワードは誠実、思慮深さ、自己との対話

自己の内面と純粋に向き合う色。青の色が濃くなるほど浄化力が強くなるパワー。

紫＝キーワードは精神性、直観力、神秘

神秘性のある高貴な色。品格があり精神性の高いパワー。

ピンク＝キーワードは無条件の愛、幸福感、奉仕の精神

優しさあふれる愛の色。ホルモンバランスを整えるパワー。

❈赤＝キーワードは情熱、活力、リーダーシップ

炎や血液の色。生きる意欲や前へ出るパワー。

❈オレンジ＝キーワードは交流、楽しさ、躍進

イキイキと燃えるキャンプファイヤーのような色。周囲を楽しく和ませるパワー。

❈白＝キーワードはリセット、新たな始まり、崇高、潔癖、高い理想

どんな色にも染まる色。新たにスタートし自己成長するパワー。

❈黒＝キーワードは白と同じリセット、新たな始まりの他、威厳、厳粛、格式

絵の具全色を混ぜると黒になるように、すべての色の要素を含んだ色。清濁併せ呑むような、すべてを飲み込むパワー。

このように、色にはパワーがあり、色を上手に利用することで、相手に抱かせる印象を戦略的に定めることができます。


オフィスで働くテレーサは、仕事ではいつもグリーン系の装いです。その理由をたずねたときの返事はこうでした。

「花は色とりどりよね。でもあらゆる花の色をサポートしているのはグリーンの葉っぱでしょ？　グリーンはすべての色と調和するの。私はオフィスのスタッフ全員をまとめ、サポートするに相応しい人物として認められたいの。しかも私にはグリーンがとてもよく似合うでしょ？」と。

「なるほど〜！」と思いました。


また、子ども相手の教室を主宰するジェシカは、会うときはいつもピンク、オレンジ、黄色といった暖色系の明るい色を身につけていました。

理由をたずねると、

「明るい色を着ていると子どもたちが喜ぶの。私自身もハッピーな気持ちになるし、あなたにもハッピーが伝わるでしょ？」

と笑顔で教えてくれました。

ニューヨークのキャリアウーマンは、シックな色から鮮やかな色までを、時と場所に応じて臨機応変に使いこなしていました。彼女たちは鮮やかな色を身につけることに全く抵抗がありません。

特にパワフルな存在感を印象づける「赤」を好んで身につける女性は多く、赤いジャケット、赤いワンピース、赤いアクセサリーや小物など、「ここぞ！」という勝負時に身につけて自分のテンションを上げ、相手にもインパクトを与えていました。

このように、色のパワーは相手と同時に自分自身にも影響を与え、時に癒し、鼓舞してくれます。上手に使いこなして、色を味方につけましょう。

A Little Black Dressは、なぜ「黒」なのか

ニューヨークに住む女性なら、誰でも必ずと言って良いほど持っているのが、**「A Little Black Dress（コンパクトな黒いドレス）」**です。

映画『ティファニーで朝食を』で、オードリー・ヘップバーンが着用していたのがこれですね。アクセサリー使いひとつで様々に着こなせる便利な1着として、合理的なニューヨーカーには特に好まれています。

彼女たちはこの便利なドレスをデートに、ディナーに、ちょっとしたパーティーに着用します。旅行に行くときも、スーツケースの中に必ず入れるこの1着。コンパクトな黒いドレスを身につけると、どんな女性でも「それなり」に見えるから不思議です。

さて、このドレスはなぜ「白」ではないのでしょう？　なぜ「赤」でも「青」でも

ないのでしょうか？

黒なら他のどんな色とも馴染むから、どんな色の肌にも合うから、どんなシーンでも通用するから、無彩色なので色味を気にしなくてすむから……。

これらの理由も大きいとは思いますが、私はもっと別の理由があると思います。

それは**「黒」という色の持つ威厳、高級感というパワーを利用して、女性としての自分を一流に、格高く見せるためなのではないか**と。

でも黒は相手に重い＆強い印象を与えるため、重く、強くなりすぎないように、生地の分量感は**a little**。コンパクトに抑えておきましょうね、というさじ加減が絶妙だな〜と思うのです。

「持っていないから購入しなきゃ！」と思って、慌てて買いに行かないでくださいね。黒なら何でも良いということではありません。

選ぶべきは、自分の女っぷりをちょっぴり上げてくれるようなシルエットのもの、小物やアクセサリーが映えるシンプルで飽きのこないデザインのもの、そしてそれなりに生地の良いものを探しましょう。色味がない分、生地の善し悪しがクオリティーを語ることになりますので。

似合う色で「魅せる」ことができる

色は一番印象に残るとお話ししましたが、より印象良く「魅せる」ためには、自分に似合う色、「パーソナルカラー」を知っておくと有利です。

似合う色がわかれば、選ぶべき服やアクセサリーの色、ヘアカラーやメイクの色選びに役立ちます。

パーソナルカラーは、大きくは次の2つのタイプに分かれます。

「黄色みを含んだイエローベース」と**「青みを含んだブルーベース」**です。

どちらのタイプが自分に合っているかは、瞳の色や髪の毛の色など個人が生まれ持った色素で判断します。生まれ持った色素は一生変化しませんから、似合う色は一生変わらないと言われています。

ただ、女性のライフステージは様々に変化しますよね。結婚、妊娠、出産、子育て、老後……。変化する環境に応じて、使うに相応しい色、そして色の使い方は変化して当然です。

また、年齢とともに変化する顔の色やくすみなども考慮しながら、魅せるに相応しい色を使う必要も出てきます。

打ち出したい自分のイメージに応じて、使う色は臨機応変に幅を持たせるほうが豊かで楽しいでしょう。

ですので、**パーソナルカラー診断で導き出される似合う色は、あくまでも基本の色としてとらえる**ことをおすすめします。

パーソナルカラーは通常、自然光の中、鏡の前で顔の下に様々な色のドレープ生地を当てながら具体的に診断します。

専門家の診断を仰ぐことがベストではありますが、なかなかそうもいかない場合もあるでしょう。次の項目では、自分でもできる、簡易診断の方法をお伝えします。

パーソナルカラー簡易診断の方法

パーソナルカラー診断は、まず2つのベースとなるカラーを割り出し、さらにそこから、スプリング、サマー、オータム、ウインターの4つのタイプに分ける**「4シーズンカラー分析」**が主流です。

最初に、ベースとなるカラーを診断してみましょう。ひと言で言うなら、**色素が黄色みを帯びている人は「イエローベース」、色素が青みを帯びている人は「ブルーベース」となります。**

やり方は、こうです。金・銀の布、または金・銀の折り紙を用意して、それぞれの上に左右の手を置きます。手のひらが下、手の甲が上です。

・イエローベースの人は、金色の布（紙）の上に置いた手のほうが白く、引き締まって見え、銀色の布（紙）の上に置いた手は赤みを帯び、膨張して見えます。

・ブルーベースの人は銀色の布（紙）の上に置いた手のほうが白く、引き締まって見え、金色の布（紙）の上に置いた手は赤みを帯び、膨張して見えます。

イエロー、またはブルーのベースカラーが判断できたら、ここからさらにスプリング、サマー、オータム、ウインターの4シーズンのうち、どのシーズンに当てはまるのか、見ていきましょう。

イエローベースの人は、スプリング、オータムのどちらか、ブルーベースの人は、サマー、ウインターのどちらかになります。

瞳の色、髪の色を見ます。ここで注意したいのは、カラーコンタクトレンズの色ではなく本来の瞳の色、髪を染める前の地毛の色で判断することです。

・瞳の色が暗い場合はオータム、またはウインター。瞳の色が明るい場合はスプリング、またはサマーです。

・髪の色が黒っぽい場合はオータム、またはウインター。髪の色が明るめの場合はスプリング、またはサマーです。

かなりザックリではありますが、これで簡易的な診断は可能です。

とは言っても、自分で自分の瞳や髪の色などを客観的に見るのは難しいかも知れません。

そんなときは、友人や家族など、第三者に見てもらうと良いでしょう。ぜひ試してみてくださいね。

パーソナルカラー簡易診断

Q：金・銀の布（または紙）の上に左右の手のひらを下にして置いたとき、 手が白く、 引き締まって見えるのは?

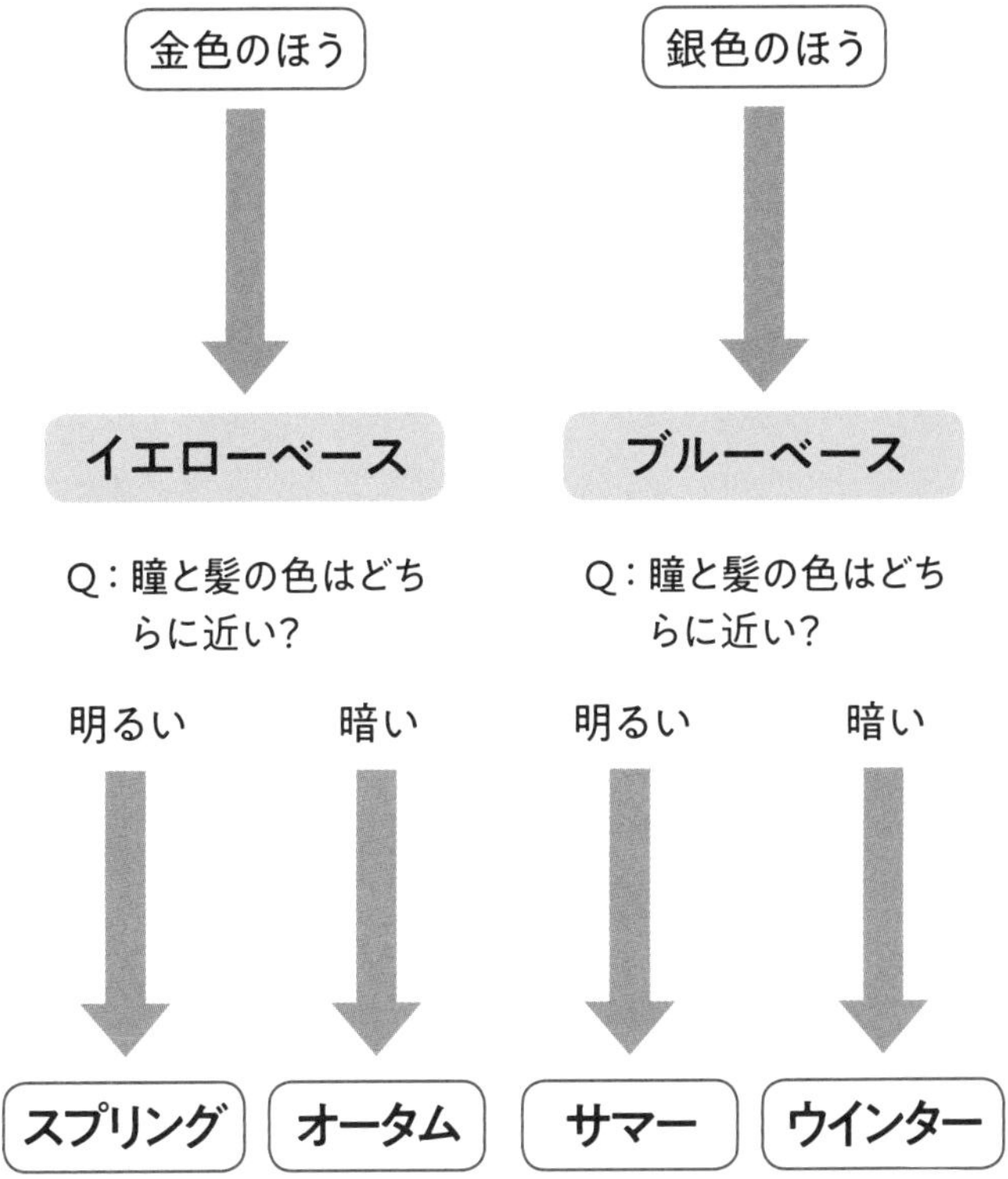

4シーズンの特徴と似合う色の傾向

自分がどのシーズンに当てはまるか、何となくわかりましたか？
「今ひとつよくわからない……」という場合も、イエロー、またはブルー、どちらのベースかわかるだけでも、身につける色は選びやすくなります。

イエローベースの方には**黄色みを帯びた色**、**温かみのある暖色系**が映えます。
例えば、ピンクだとサーモンピンクのようなオレンジ系のピンクが似合います。
アクセサリーは**ゴールド系**がおすすめです。
ファンデーションは**オークル系**。リップやチークも**オレンジ系**が似合います。

ブルーベースの方には**青みを帯びた色**、**クールな寒色系**が映えます。
例えば、ピンクだとマゼンタのように青っぽいピンクが似合います。

アクセサリーは**シルバー、プラチナ系**がおすすめです。
ファンデーションは**ベージュ、ピンク系**。リップやチークも**ピンク系**が似合います。

続けて、4シーズンそれぞれに似合う色の傾向についてご紹介します。

❋ スプリング（イエローベース）

春のお花畑のような、明るく透明感のある色が似合います。パンジーやチューリップなどの朱赤、オレンジ、黄色、黄緑、紫など、新鮮味を感じる色合いです。

上戸彩さん、井川遥さん、浜崎あゆみさん、中居正広さんなどがスプリングです。

❋ サマー（ブルーベース）

初夏に咲く紫陽花のような、爽やかでソフトな色が似合います。青みを帯びたピンク、ラベンダー、紫など、柔らかさを感じる色合いです。

綾瀬はるかさん、黒木瞳さん、石原さとみさん、福山雅治さんなどがサマーです。

❊オータム（イエローベース）

秋の紅葉や収穫物のような、深みのある色が似合います。木の実、キノコ、カボチャなどに代表される色合いです。

山口智子さん、内田有紀さん、北川景子さん、木村拓哉さんなどがオータムです。

❊ウインター（ブルーベース）

クリスマスツリーに輝く電飾のイルミネーションを思わせるような、鮮やかな色が似合います。真っ白、真っ黒、真っ赤、真っ青、真っ黄色など、メリハリのある色合いです。

柴咲コウさん、黒木メイサさん、大地真央さん、ディーン・フジオカさんなどがウインターです。

鏡の前で服を顔の近くに当てたとき、顔色が明るくキレイに見えればＯＫです。顔色を基準にして選んでくださいね。

4シーズンの特徴

スプリング

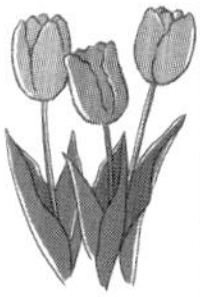

似合う色

・黄色みを帯びた色、温かみのある暖色系
・明るく透明感のある色
・アクセサリーはゴールド系
・ファンデーションはオークル系
・リップやチークはオレンジ系

スプリングの芸能人

上戸彩さん、井川遥さん、浜崎あゆみさん、中居正広さんなど

サマー

似合う色

・青みを帯びた色、クールな寒色系
・爽やかでソフトな色
・アクセサリーはシルバー、プラチナ系
・ファンデーションはベージュ、ピンク系
・リップやチークはピンク系

サマーの芸能人

綾瀬はるかさん、黒木瞳さん、石原さとみさん、福山雅治さんなど

オータム

似合う色

・黄色みを帯びた色、温かみのある暖色系
・深みのある色
・アクセサリーはゴールド系
・ファンデーションはオークル系
・リップやチークはオレンジ系

オータムの芸能人

山口智子さん、内田有紀さん、北川景子さん、木村拓哉さんなど

ウインター

似合う色

・青みを帯びた色、クールな寒色系
・鮮やかな色
・アクセサリーはシルバー、プラチナ系
・ファンデーションはベージュ、ピンク系
・リップやチークはピンク系

ウインターの芸能人

柴咲コウさん、黒木メイサさん、大地真央さん、ディーン・フジオカさんなど

似合わないけど着たい色があったら？

私のもとに来られる方々の中には、すでにパーソナルカラー診断を受けたことがある方も少なくありません。そんな皆さんが口にされることがあります。

ひとつは、

「着たい色はあるけれど、似合わないと言われたので着られません」

もうひとつは、

「似合う色はわかったけれど、使い方がわかりません」

です。

似合う色がわかってそれで終わり、では、せっかくの診断が活かされません。そんな「カラー迷子」の方のために、ここではカラーコーディネートのコツについてお話しいたします。

私は、似合わない色でも着たいときは着ます。好きだなと思う色、カッコ良いなと思う色の服があったら、パーソナルカラーに関係なく身につけます。

好きな色なら似合おうが似合うまいが、臆せず堂々と身につけて良いのです。着たい色を着られないなんて、つまらないですよね。

ただし、**「着方」には気をつけます。**

先ほどお話しした通り、**「似合う色とは、顔色がキレイに見える色」**です。逆を言うと「似合わない色＝顔色が沈む色」ということ。診断で導き出された似合わない色を着たい場合は、ズバリ、**顔から離れた場所、アイテムで使えば良い**のです。

トップスは顔色が明るく見える色にして、似合わないと言われたけれど着たい色は、ボトムスで着る。もしどうしてもトップスで着たいなら、明るい色、または白っぽい色のストールなどを使えば、顔色は沈みません。

また、「ピンクが大好きなのに、似合わない色みたい……」と言う方がいらっしゃいますが、そんなことはあり得ません。というのも、色にはバリエーションがあるので似合うピンクは必ずあります。誰でもピンクを素敵に着こなすことは可能です。

ただし、これにも**「選び方」**があるのです。

イエローベースのスプリングタイプの方なら、明るいサーモンピンクを。

同じくイエローベースのオータムタイプの方なら、深みのあるオレンジ系ピンクを。

ブルーベースのサマータイプの方なら、ちょっぴりブルーがかった爽やかなピンクを。

同じくブルーベースのウインタータイプの方なら、マゼンタ系のピンクを。

このような選び方をすると良いでしょう。

カラー診断はあくまでも、自分が似合う色の軸を知るためのものです。診断結果にとらわれすぎることなく、上手に活かすことが大切です。

例えば、ブルーベースでソフトな淡い色が最も似合うと言われたけれどインパクトを出したいという場合は、同じブルーベースの鮮やかな色を戦略的に使う、など上手に活かしましょう。

「似合う」と言われた色を軸にして使い方を考えてみると、ファッションの幅が広がります。

好印象を与える色の使い方のコツ①
黄金比は3色使い

「似合う色はわかったけれど、使い方がわかりません」

「カラーコーディネートが苦手です」

という方のために、色の使い方のコツを3つご紹介しましょう。色の使い方のコツは、**「黄金比」「トーン」「グラデーション」を意識すること**です。この3つのコツを頭に入れておけば、色の使い方で悩むことはなくなります。


ひとつ目のコツは、**「黄金比」**です。

例えば、頭から足のつま先まですべて同じ色の1色使いでも、別に問題はありませんが、あまりに単調に見えますよね。

紺1色のワンピースに紺のシューズと紺のバッグ……。これでは「お受験ママ」に見えます。お葬式でさえ、黒の喪服に白いパールという2色使いが許されるのですから、紺にプラス白い襟であるとか、それこそパール、または貴金属のアクセサリーくらいは欲しいところです。

このような2色使いでも変化は出ますが、**一番バランス良く見えるのは3色使い**です。

①ベースカラー2色 ＋ ②アクセントカラー1色 ＝ 合計3色

という組み合わせです。

①ベースカラーとは基本となる色のことで、他の色とも合わせやすく、比較的広く使う色を指します。

白、黒、グレー、紺、茶、ベージュなどが使いやすいでしょう。

一方、**②アクセントカラーとは差し色のことで、ベースカラーを引き立てる色**です。

例えば、白のトップス＋黒のボトムスといったベースカラー2色に、グリーンのカーディガンをアクセントカラーとして使う、というような方法です。

色使いは服だけでなく、アクセサリーや小物を含めた装い全体で見ますが、日本人は一般的な傾向として、黒・紺・グレーなどのベースカラーのみの装いになりがちです。悪くはありませんが、それだけだと、どうしても寂しい印象になってしまいます。もし服にアクセントカラーを使うことに抵抗があるのなら、バッグやアクセサリー、スカーフなどの小物で使ってみると良いでしょう。

ベースカラーとアクセントカラーを組み合わせることで、装い全体にリズムが生まれます。目を引くアクセントカラーを上手に使うことができれば、印象を強く残すことができます。

好印象を与える色の使い方のコツ②
トーンを揃える

2つ目のコツは、「**トーン**」です。

声のトーン（調子）が高い人、声のトーンが低い人がいます。音にトーンがあるのと同じように、色にも「**色調**」というトーンがあります。

装い全体で、色のトーンを揃えると、まとまりが出ます。

パステルトーン、ブライトトーンなどといった言葉を、耳にしたことがあるのではないでしょうか。

春先に店頭を飾るのは、明るい春を感じさせる柔らかなパステルトーンです。夏には活気のあるブライトトーン、秋には落ち着いたダークトーンのコーディネートがディスプレイされます。

このように、装いで使うアイテムのトーンを揃えると、コーディネート全体がまとまって見えます。トーンが揃っていれば、3色以上、4色、5色と使っても、さほど違和感は生じません。

多色使いの柄物アイテムはどう使えば良いでしょうか。柄物のシャツやスカートなど、プリント柄にはたくさんの色が使われているケースがあります。

市販の柄物はトーンが揃っているので、全体で「1色」ととらえることができます。それを基本に全体のトーンを揃えましょう。

先ほどの「3色使い」で柄物を取り入れる場合は、**1色目はプリント柄**のシャツやスカートです。

2色目はベースカラーを選びます。プリント柄の背景がベージュであればベースカラーはベージュ、というように背景色を中心に選ぶと調和します。

または白、黒、グレーなどの無彩色でも良いでしょう。柄全体のバランスを見て選ぶことがコツです。

3色目はアクセントカラーです。柄の中で一番目立つ色、または好きな色を選んでアクセントに使います。ベルトなどのアクセサリーや小物に使うのも良いですね。

好印象を与える色の使い方のコツ③
グラデーションで使う

3つ目のコツは、「グラデーション」です。

グラデーション使いとは、ひとつの色を濃色から淡色まで強弱をつけて使う方法です。色味のトーンを変化させることなので「トーン・オン・トーン」とも言います。同じ色味をグラデーションで使うと、上品さを表現できます。

では、青系のグラデーションコーディネートを例に挙げてみましょう。

濃紺のデニム＋淡いブルーのキャミソール＋洗いざらしのダンガリーシャツを羽織り、インディゴ染め（藍染）の柄物ストールを巻く。全体は青ですが、色味に強弱があるのをご想像いただけると思います。

茶系のグラデーションコーディネートの場合は、濃いチョコレートブラウン、ミルクココアブラウン、ベージュ、オフホワイトまでをコーディネートで使う、といった感じです。

色味が統一されているので、上品さを感じていただけるのではないかと思います。

色の組み合わせ方が苦手だと感じる方は、青系なり茶系なり、なるべく色味を統一して服を買い揃えるようにすると、クローゼット全体にまとまりが出ます。

ただ、グラデーション使いは色味が同じなので、少し寂しく見えることは否めません。

その場合は、アクセサリーや小物などで、アクセントカラーをどこかにプラスすると良いでしょう。濃淡の色味の中でアクセントカラーは映えますし、濃淡の色味はアクセントカラーによってより活かされます。

このように、色の使い方を覚えて工夫するだけでも、好印象にぐんと近づくことができますよ。

印象を明るく見せてくれるホワイトマジック

いつも必ず受講生の方々にお見せする2枚の写真があります。

両方とも私が黒いジャケットを着ている写真なのですが、1枚は黒いインナー、もう1枚は白いインナーです。さて、どちらの顔のほうが明るく見えると思いますか？

2枚を比べてみると一目瞭然で、白いインナーのほうが明るく見えます。黒いインナーのほうは顔色がくすんで老けて見えます。

私はこれを、**「ホワイトマジック」**と呼んでいます。


女性のデコルテは、「レフ版」です。

レフ版とは、撮影のときにカメラマンが使う光の反射板のことですが、デコルテ、胸元で使う色はみごとに顔に反射するのです。なので、胸元にはなるべく白や明るい色を使うと、顔色はキレイに見えるというワケです。

「着るものはいつも黒、紺、グレーです」という方が多いですが、そんな場合は明るい色のインナーやストール、スカーフなどで胸元を飾るようにしてみてください。

ニューヨークのジャパニーズレストランでホールスタッフのアルバイトをしていたときのことです。

真っ白の作務衣と前掛けを身につけた板前さんたちが、炉端カウンターの中で威勢よく声をあげ調理する姿を見て、「凛々しくてカッコ良いなぁ♪」と思っていました。

しかし閉店後、片づけを終えてロッカールームから着替えて出てきた板前さんたちには、先ほどまでの凛々しさは微塵もなく、失礼ですが「ただのおじさん」に見えました。そのイメージのギャップに自分でも驚いたのを覚えています。

これもまた「ホワイトマジック」のなせる業です。

「女性の色白は七難隠す」と昔から言われています。**白という色は、「目くらまし」効果のある色**なのです。上手に使いこなせると、効果的に印象づけることができますよ。

光のパワーを味方につける

20代は、どんなに暗く濁りのある色を身につけても大丈夫です。ボロボロの古着でさえもカッコ良く魅せることができます。なぜなら、若さそのものが光り輝いているからです。

ところが35歳を過ぎたあたりから、暗く濁りのある色を身につけると、一気に老けて見えるようになります。

そう、自分で発光するには無理があるからです。そのため、光のパワーを借りる必要性が出てくるのです。

私の持論ですが、

「お肌の曲がり角は25歳。おしゃれの曲がり角は35歳」

です！

もしあなたが今35歳以上であるのなら、おしゃれ迷子になる前に、光を上手に味方につけて、ワンランク上の輝きを身にまとうようにしましょう。

では、光を味方につける方法をご紹介します。

素材で輝きを

服や小物を選ぶとき、素材も意識するようにしましょう。

シルクやサテンなどの上質な素材、品良く光るメタリック素材やエナメル素材など、光沢感のある素材やアイテムを加えることで、高級感を表現できます。

オーソドックスなスーツでも、エナメル素材のバッグやシューズを合わせるだけで高級感がアップします。

キラリと輝くアクセサリー類を、シンプルな服に添えるだけで、装い全体が華やぎます。

特に顔の両脇できらめくピアスやイヤリング、そしてデコルテで反射するペンダントやネックレスは、しっかりと光をそこに集めて、顔を一段と明るく彩ってくれます。

ヘアメイクで光沢感を

キレイな素肌には「透明感」という贅沢な輝きがあります。

しかし、あなたが35歳以上であるのなら、透明感のある素肌で勝負するのは難しいかも知れません。その場合は、パール感のあるファンデーション下地を使うことで、ごく自然な光沢感が手に入ります。

アイシャドウには上品に輝くラメ入りを。仕上げのフェイスパウダーは粒子の細かいものを選び、ブラシを使ってしっかり入れ込むことで透明感を演出できます。

髪も重要です。光を反射するツヤのある髪質は、健康的な若さの象徴です。

特に髪は顔周りを縁取る額縁の役目を果たしますから、パサパサ・ボサボサは避けましょう。

ヘアサロンで定期的にトリートメントをしたり、日頃からヘアオイルを使うなどして光沢感を復活させましょう。

照明を意識する

女優さんであれば自分専属の照明係を連れて歩けますが、私たちはそういうわけにはいきません。常に自分で照明を意識する必要があります。

「デコルテは女性のレフ版」とお伝えした通り、光を集める意味でも、差し支えのない範囲で襟周りは広めに開いたもの、または明るい色を使うようにします。

写真を撮るときは、必ず自分の顔に照明が当たる方向を確認しましょう。

色そのもののパワーもさることながら、**光のパワーはすべてを包み込む最強パワー**です。上手に味方につけてくださいね。

それぞれの色の持つパワー、そして、より自分を魅力的に見せる色の見つけ方と、色を効果的に使う方法についてお話ししました。

人が視覚から得る様々な情報の中で、最も印象に残る確率の高いものが「色使い」です。

色使いで好印象に魅せるために大切なことは、顔周りに明るい色を使うこと。

また、装いのカラーコーディネートを考えるときは、ベースカラーだけでなく、少量でもアクセントカラーを使うことがポイントになります。

そして、自分に似合うとされる、パーソナルカラー診断の結果にとらわれすぎず、臨機応変に時や場面、魅せたいイメージに応じて、使う色は戦略的に選ぶようにすることも大切です。

好きな色は、自由に楽しんで身につけてくださいね。

Chapter ❋ 3

ファッション
「服装術」

服選びより体型選びがものを言う

好印象作りに欠かせない、装いの土台となる身体。

それなりの体型を維持することは、ニューヨークのエグゼクティブたちにとって死活問題です。なぜなら「能力のある者は自分の健康管理、見た目管理ができて当たり前。肥満なのは能力のない証拠」だと思われるからです。

実際、アメリカでは肥満傾向にある人は、生活習慣がコントロールできていないと見なされ、昇進が遅れます。そのため、男女問わずスポーツジムに通って必死に身体を鍛え、常にダイエットしてシェイプアップに励むワケですね。生活がかかっているので大変です。

ニューヨークで、とある大手婦人服のアパレルでアシスタントをしていたとき、そのショールームモデルとして働く女性と仲良くなりました。

いわゆるコレクションでランウェイを練り歩くスーパーモデルではないにせよ、新作コレクションをお客様である百貨店や、専門店のバイヤーに披露するのが彼女の仕事ですので、美人でスタイルは最高でした。

当時、ダイエットが上手くいかず、ポッコリおなかに悩んでいた私は、彼女に一体どうやってスタイルを維持しているのか、その秘訣を聞いたことがあります。

彼女の答えはこうでした。

「常にタイトでボディラインが見える服を着るようにしているの。なぜなら『身体は着るもので作られる』からよ。ルーズな服を着ていると、あっという間に身体のラインは崩れるわ！　あなたがポッコリおなかにさよならしたいのなら、ウエストマークの服を着ることをすすめるわ」と。

そしてこう続けました。

「服は似合う・似合わないで選ぶものではないの。体型が良ければ何でも似合って見えるものなのよ。それに、やっと手にしたこのショールームモデルの仕事、私は絶対に手放したくないの。他の誰かにとって代わられないように、常に体型維持には気を遣わないとね。それが私の仕事でもあるのよ」と。

「はぁ～！　なるほど！」

目からウロコでした。

「身体は着るもので作られる。スタイルが良ければ何でも似合う。スタイルキープは仕事」

という彼女の言葉は、私の〝指針〟となりました。

翌日から私は心を入れ替えました。そして今も、定期的に体型チェックは怠りません。そのおかげで、体型は20代の頃とそれほど大きくは変わりません。

これは自慢でも何でもなく、私にとっては好印象の作り方をお伝えするために、必要な仕事のひとつなのです。

身体は着るもので作られる

実際、ストンとしたゆるいワンピースや、ウエストゴムのボトムを常にはいていると、「ズン胴」になります。「おなかいっぱい食べても大丈夫」という思いも手伝ってウエストラインはやがてどこかに消えてしまいます。

外出せずに毎日グダグダと部屋着で過ごす日々が続くと、身体は「ユルユル」になります。

「多少太っても大丈夫なように」と大きめのサイズを購入すると、身体は「タップリサイズ」に変化します。

自分自身が心地良いと感じるバランスの体型を維持することは、「魅せる」ということにおいてとても重要です。

体型維持のために必要なもの、それが**「サイズ見本」**と**「人参ドレス」**です。

「サイズ見本」とは、理想的な自分のサイズの服のこと。

かつて自分のスタイルが良かった頃のものを、捨てずにとっておきましょう。もしくは、理想的なサイズの服を購入しましょう、これらが、「サイズ見本」となります。それをときどき着てみることで、体型がキープできているかどうかをチェックします。

特に細身のパンツ、細身のワンピースはサイズ見本におすすめです。

細身のパンツはヒップ、ウエスト、そして太ももの成長具合がわかります。ワンピースはボディライン全体の変化がわかります。

当然、年齢とともにサイズは変化しますが、サイズ見本があれば、体型の変化にすぐ気づくので取り返しがつかないような大きな変化は防げます。体型だけでなく、自分自身の意識のキープにも役立ちます。**常に意識する**ことが重要です。

どうせもう着ないから、と断捨離する前に、サイズ見本になりそうなものをチェックして、とっておいてくださいね。

次に、「人参ドレス」です。

「人参ドレス」とは、「これ、着たい♪」と思うドレスのこと。

馬は人参が大好物。なので目の前に人参をぶら下げられると、その人参を食べたくて頑張って走ります。それと同じように、「これ、着たい♪」と思うドレスを自分に買ってあげるのです。着たくなるように仕向けるのです。

もし「少し絞りたいな」と思うのであれば、もちろん今のサイズではなく、若干小さめのサイズを選ぶのがコツです。

今は入らないけれど、目指すサイズのものを買って、見えるところに掛けておきましょう。それを毎日眺めていると「早く着られるようになりたい！」と、ダイエットも頑張れますから。

これはかなり効果的です。理想の体型を目指すモチベーションになりますよ。

この人参ドレスに身体がはまると、相当テンションが上がります。2枚目の人参ドレスにチャレンジする自信にもつながるでしょう。

覚えておいていただきたいのは、**「身体に服を合わせるのではなく、服に身体を合わせる」**という考え方、意識の持ち方です。

「目くらまし服装術」でコンプレックスにさようなら

「身体に服を合わせるのではなく、服に身体を合わせる」とは言っても、肩幅が広い、安産体型で腰が大きいなどの場合、それを変えることはできません。

背が低い・高い、首が短い・長い……。これらも調整できません。

では、その場合はどうすれば良いのでしょうか？

受講生にお話ししている、視覚トリックを使って体型コンプレックスをカバーする**「目くらまし服装術」**について少しご紹介します。

背が低い

背を高く見せたいのであれば、**ポイントを高い位置**に置きます。例えば、頭のてっぺんでお団子ヘアにする、巻き物や大きめのイヤリング・ピアスを使うなど、顔周りや上半身にアクセント（ポイント）を置くと、相手の視線は高い位置に集中します。

❋背が高い

背が高いことを少しでもカバーしたい場合は、**ポイントを低い位置**に置きます。例えば、ボトムやシューズにアクセントカラーを使う、ワンピースやスカートの裾にデザインディテールのあるものを着るなど、ボトムにポイントを置くようにすると、相手の視線は低い位置に集中し、背の高さに意識がいきません。

❋体が太い

細く見せたい、スッキリ見せたい場合は、配色効果を有効利用して、**相手の視線を身体の中心へ誘導**します。例えば、白いインナーの上に黒いものを羽織ると、外側にある黒の引き締め効果で、視線は内側の白に集中します。狭い面積の白が目に映るので、細く見えるのです。

気をつけたいのは「黒は引き締まって見えるから」と、全身黒にしてしまうことです。確かに黒は引き締まって見える色ではありますが、同時に重たく見える色でもあるので注意しましょう。

また、手首、足首という、**身体の中で一番細い部分を見せる**ことも効果的です。

❇ヒップが大きい

ヒップが大きい場合は、**パンツよりもスカートをおすすめ**します。張り感のない薄手の素材を使用した、細かいプリーツ使いのスリムスカートなどは細く見えます。張りのある素材は避けるようにしましょう。また、トップ部分はコンパクトで腰のあたりで広がりのある、テントシルエットのワンピースもおすすめです。

❇脚が太い

脚全体の太さが気になる場合は、**ロングスカート、ワイドパンツがおすすめ**です。ただ、これらを着ると、下半身のボリュームが大きくなるので、トップはコンパクトにまとめます。もし膝から下が細いのであれば、細い部分は出すようにしましょう。

❇ポッコリおなか

ウエストからお腹にかけてドレープのあるカシュクールデザインや、ウエストに

タックやギャザーのあるトップスを選ぶと、ポッコリおなかをカバーできます。

バスト下で切り替えのあるAラインシルエットのワンピースも、視線がバストにいきますので上手にカバーできます。

❈ 肩幅が広い、首が太い・短い

襟は、**やや横に広く開いたボートネックがおすすめ**です。詰まった襟だと肩の面積がより広く見えて、首の太さや短さが目立ちますが、ボートネックは横に広く開いているため目立ちません。

また、**深いVネックもおすすめ**です。シャツを着るならインナーを着て、ボタンを多く開けて縦長のラインを作ることでスッキリ見えます。


いかがでしょうか。

理想的な体型を維持することが一番ではありますが、体型コンプレックスは服の選び方や着方を工夫し、相手の視線をずらすことで、上手にカバーすることができます。ぜひ活用してみてくださいね。

バランスで魅せる方法①
「AIXYの法則」

好印象を与えるには装い全体のバランスが重要です。相手に印象で違和感を与えないためにも、極端なバランスの偏りは避けましょう。

ここでは、「装いのバランス」について3つ、お話ししたいと思います。

突然ですが、今日のあなたの服はどんなシルエットですか？

着る服を決めるとき、「今日のシルエットは何にしよう？」とは考えないかも知れません。しかし、シルエットバランスのとれたコーディネートを意識することはとても重要です。

バランスをとるには、次の4つのシルエットのいずれかを基本にしましょう。

Aライン、Iライン、Xライン、Yラインの4つです。

頭文字のアルファベットはいずれも、そのアルファベットの形のコーディネートのシルエットを表しています。

Aライン：肩から裾に向かって三角形に見える、テントシルエット
Iライン：縦方向に長方形になっている、細長いシルエット
Xライン：砂時計型とも言われる、ウエストにアクセントを置いたシルエット
Yライン：トップがゆったり大きめで、ボトムが細いシルエット

私はこれらを、**「AIXY（アイクシー）の法則」**と命名しました。
服のシルエットバランスが、この中のどれかに当てはまればOKです。
全体的にバランスがとれているかどうか、等身大の姿見で、全身をチェックするようにしましょう。

アンバランスに見えるときは、AIXYのいずれにもなっていないためであることがほとんどです。例えば、ゆったりした大きめのトップスに、ボリューム感のあるロングスカートを合わせた場合などです。トップもボトムも大きくて、これでは全体的に大きな人に見える「Oライン」シルエットになってしまいます。

ゆったりした大きめのトップスには、タイトスカート、またはスリムパンツを合わせれば「Yライン」になってバランスが良くなります。

他にも、身体のラインが目立たないストンとしたワンピースの場合、細身であれば「Iライン」になりますが、生地に分量感がある場合はどうでしょうか？　楽そうですがメリハリに欠けますし、だらしなく見える可能性もあります。そんなときは、ウエストにベルトを加えると「Xライン」になります。

バランスを見るときにもうひとつ気をつけたいのが、**ボリューム感**です。トップとボトム、ワンピースとアウターなどの組み合わせにおいて、必ずチェックしましょう。トップにボリュームがある場合は、ボトムはコンパクトに（Yライン）。ボトムにボリュームがある場合は、トップをコンパクトにすると引き締まりバランス良く見えます（Aライン）。

全体のシルエットをぜひ意識してみてくださいね。

AIXYの法則

全体のシルエットは、「AIXYの法則」を頭において
バランスを調整しましょう。

バランスで魅せる方法②

質の良いものとプチプラ

最近は、「上から下までデザイナーズブランドです」みたいな方は少ないと思います。でも、「上から下までファストファッションです」という方は、多くおられると思います。

ユニクロのヒートテック、エアリズムなどは、男女・年齢を問わず多くの人たちに愛用されています。

私自身も愛用者のひとりです。機能性に優れ、リーズナブルな価格帯の使いやすいファストファッションを、利用しない手はありません。

ただし、打ち出したい自分のイメージがあるのなら、どんなに便利なアイテムであっても「使い方」を意識すべきです。

例えば、もしあなたが一部上場企業の社員研修講師である場合、上から下までファストファッションで登壇しますか？

私なら、キチンとしたスーツを着ます。でもその下の見えにくいインナーは、もしかしたらファストファッションのアイテムを利用するかもしれません。

装いの主軸になるアイテムには質の良いものを使い、サブアイテムはリーズナブルなものを控えめに使う。**質の良いものとプチプラアイテムをバランス良く**使いこなせば、高級なブランドもので全身を包む人よりも、より好感度高く受け入れられるでしょう。

普段のカジュアルな装いのときは、全身ファストファッションでも、リーズナブルプライスのセール品でも、全く構いません。

でもそんなときこそ「選ばれる好印象を身につけたい！」という方には、ぜひプラスしていただきたいものがあります。

それは、**存在感がキラリと光る、質の良いバッグやシューズ、時計、ジュエリー、小物**などです。どれか1点で良いでしょう。

それなりのグレードのものを取り入れるだけで、グンと差がつきます。

質の良いモノをプラスすることで、**自分の意識も変わる**からです。

「着るものなんてどうでもいい、安ければ何でもいい」という気持ちでいるのと、「今日着ているのは安いセール品だけど、私自身は違う」という気持ちでいるのとでは、存在感に圧倒的な差が生じます。

そのようにして自分の意識を高く保つようにしていると、どんなにチープな偽物を身につけていても、本物に見えるようになるから不思議です。

バランス感覚に優れた人であれば、高級なものとチープなもの、本物とオモチャ、これらを上手にミックスマッチできますし、しかもそれをカッコ良く見せることができるのです。

バランスで魅せる方法③
マインド&エイジバランス

実年齢は若いのに、なぜか老けて見える人と、それなりの年齢なのに、とても若々しく見える人。あなたはどちらに見られたいですか？

「若々しく見られたいけど、若作りしているようには見られたくない」というのが多くの方の答えでしょう。

「若々しく見える」のと「若作り」は違います。頑張っている感じに見えてしまうのが「若作り」で、実年齢と魅せ方に違和感が生じます。

なんとか若々しく魅せたいと無理をするのが原因ですが、実はもうひとつ大きな原因があります。それは、**「好き」を基準にものを選ぶ習慣**です。

「相手にどう印象づけたいか？」という、戦略としての客観的な視点ではなく、「昔から好きだから」という主観的な理由でものを選び続けていると、若作りに見えることがあります。

色彩術では、仮に似合わない色でもボトムで使うなど、工夫することで上手に魅せることができますとお伝えしましたが、服装術では、好きなものを選ぶと言うよりも、**戦略的に相応しいもの、似合うものを選ぶことが大切**です。

例えば、それなりの年齢なのに、イケイケなミニワンピースが好き、こってりメイクが好き、ピンヒールパンプスが好き。これらが似合っていれば、もちろんなんの問題もありません。

しかし、年齢相応に贅肉タップリな身体つきで、背中が丸いのにミニワンピースを着たり、シワやたるみが気になるのに濃いメイクをしたり、膝を曲げて引きずって歩いているのにピンヒールだと、逆に老けて見える原因となってしまいます。

好きなものを着こなしたいのであれば、下着にも気を遣う、体型を維持する、お肌や髪、ネイルのケアを怠らない、姿勢や動作、表情に気をつける、食生活や適度な運動を心がけて生活習慣に気を配る、常に新鮮な気持ちで前向きな思考で過ごす、などの努力は欠かせません。

その服装が似合う自分であれば、若々しい雰囲気で何でも着こなすことができます。

ご購読ありがとうございます。
好印象な魅せ方を身につければ、自信と勇気が手に入ります。
さらに自分の良さを活かして輝き、
愛も仕事もお金も、望むすべてを手に入れていただくために
読者プレゼントをご用意いたしました。
ぜひご活用ください。

『ニューヨークで学んだ最高の魅せ方』
読者プレゼント

『好印象レボリューション』無料メールレッスン
あなたのスター性を見つけ、好きな仕事で輝く秘訣がわかります!

3大特典PDF

特典1 あなたの年齢を魅力に変える
〈色使いの法則〉

特典2 体型コンプレックスを魅力に変える
〈目くらましの法則〉

特典3 スター性を見つけて未来を変える
〈劇的! 好印象ビフォー・アフター〉

お申し込みはこちら

https://premiumstage.com/mailmagazine/

こちらからご登録いただくと、無料レッスンのメールと一緒に
PDFダウンロードアドレスが届きます。
本書で学んだ内容とこの読者プレゼントで、さらに輝いてください!

好印象プロデューサー
原田眞里

脱・ワンパターン①
ワクワクを基準に選ぶ

多くの女性に共通する装いのお悩み。そのトップ3に入るのが、「着こなし方がワンパターンになってしまう」です。結局いつも同じような色やアイテムを選び、着こなし方も同じで変化がない。これでは当然、自分自身も面白くないですよね。

ワンパターンなマンネリに陥る原因は3つあります。

「選び方」「揃え方」「脇役の使い方」を勘違いしているからです。

この3つを正しく把握できれば、魅せ方を広げることができます。

では、それぞれについて見ていきましょう。

まず、**服の「選び方」**です。

服を買うとき、「自分に似合うかどうか」という前に、「無難だから」「何にでも合いそうだから」「長く着られそうだから」「汚れが目立たないから」「ラクそうだから」

「安いから」などを理由に選んでいませんか？

確かにこれらは重要な基準かも知れませんが、経済性、機能性ばかりを優先すると、いつものワンパターンに陥り、マンネリ化してしまいます。

結局いつも選ぶのは、無難な黒、紺、グレーという色調。

コーディネートを考えるのが大変だから、何にでも合いそうなシンプルなデザイン。

お買い物するのが面倒だから、なるべく流行に左右されずに、長く着られるもの。

黒や紺なら多少汚れてもわかりにくい。

ゆったりシルエットは体型も隠せてラクそう。

このような価値基準での服選びには、装うことの楽しさや印象づけることの大切さはあまり感じられません。

しかもこれだと結局マンネリ化して、「新しいものを購入しないと！」と言いながら、また同じようなものを購入するという、負のループに陥ってしまいます。

そこから抜け出すためには、**ものの見方の角度**をちょっと変えてみることをおすすめします。

服を買うとき、**選ぶ基準は、「手にとってワクワクするかどうか」**です。

色使いやデザインにワクワクを感じるかどうか。

着ると気分が上がるかどうか。

そんな価値観を大切にすると、選ぶものはおのずと変わってきます。

もしワクワクするものがない、何を着れば素敵に見えるのかわからないのであれば、とにかく試着してみましょう。おすすめは、気になるショップのスタッフさんにアドバイスを求めながら、片っ端から試着することです。

試着したからといって、すべて購入する必要はありません。

「ちょっと頭を冷やして、また来ます」と言って、ショップを出ればそれでOK。

実際、試着することで、わかること、感じることはたくさんあるはずです。思ってもみなかった意外なものが似合ったり、今までよかれと思って着ていたものとは全く違うものが素敵に見えたり……。

負のループから抜け出す手がかりをつかんだあなたの笑顔は、鏡の中できっと輝いているはずです。

脱・ワンパターン②
タンスの肥やしを増やさない

「服はたくさん持っているのに着るものがなくて、結局いつも同じものを着てしまい、ワンパターンなんです」というケース。それは**ワードローブの「揃え方」**に問題があると言えます。

ワードローブとは、あなたが持っている服、バッグ、シューズ、小物アクセサリーを含めたファッションアイテム全体のことを言います。これらをいかに効率的に揃えるか？　それは好印象を戦略的に作るための、重要なポイントにもなります。

例えば、気に入ったスカートを購入して帰宅。家にあるトップスと組み合わせてみたけれど、何だかシックリこなくてしまい込む。

後日、ネットでこのスカートに合いそうなトップスを見つけてオーダー。着てみると、「やっぱり何だかヘン」でしまい込む。

これを繰り返すことで、タンスだけがブクブクと肥えていきます。

複数のショップで1点ずつ「単品買い」をすると、組み合わせが効きにくく、結果、数ばかりが増えることになってしまいかねません。

「服はたくさん持っているのに着るものがない」とおっしゃる方々の、原因の多くがこれです。

買い物はなるべく1店舗で、いくつかのアイテムで複数の着回しができるように考えて、「セット買い」するようにします。1回の購入金額は増えますが、タンスの肥やしが増えるよりも、ずっと効率的で経済的です。

仮に仕事用のスーツを購入する場合、セット買いの内容は次の3点にします。

ジャケット＋ボトム①（スカート）＋ボトム②（パンツ）

それに組み合わせるインナーも3点。

インナー①（ブラウス）＋インナー②（シャツ）＋インナー③（カットソー）

インナーをすべてブラウスにするのであれば、次のように変化を持たせます。

インナー①（襟なし）＋インナー②（デザイン柄もの）＋インナー③（襟つき色もの）

このような合計6アイテム（スーツ3点セット＋インナー3種）のセットで、ひとつのグループを作っていきます。これらはそれぞれ組み合わせることができ、着回しができることが条件です。

もちろん必ずしも6アイテムである必要はありませんが、最初に組み合わせが効くものをコーディネートして選んでおくと、無駄がなく効率的です。

別の機会に、このグループに合うジャケット②としてロングカーディガンをプラスする。ワンピースをプラスする、などのように揃えていくと、着回しの幅はかなり広がります。

魅せたい自分のイメージに応じて、ワードローブを揃えていけば、おのずと打ち出す印象も統一されてきますし、ワンパターン化も無駄も避けられます。

おすすめのワードローブの揃え方

〈例〉

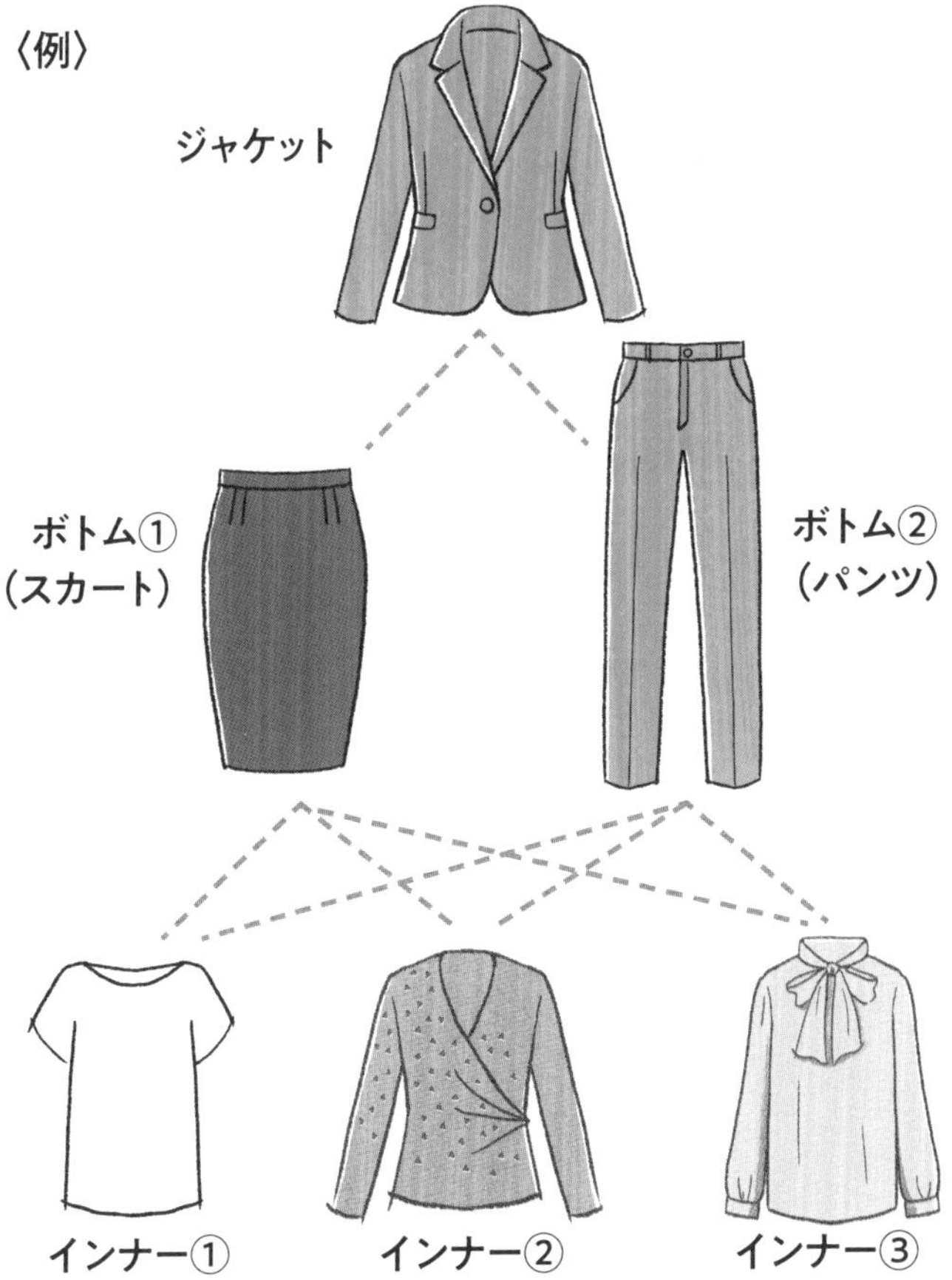

合計6アイテムのセットでひとつのグループを作れば、
簡単に着回しの幅が広がります。

タンスの肥やしが増えてしまっている場合は、定期的に整理して断捨離しないと爆発してしまいます。よほどの思い入れがあるもの以外は、基本3シーズン、袖を通していないのであれば、さよならしましょう。

「いつか着るかも」は、ほぼないと考えて間違いありませんので、思い切ることが重要です。

脱・ワンパターン③
脇役を揃える

「いつもの着こなし以外できない。どう変化をつければ良いかわからない」のは、脇役がいないから、というケースが多いです。

「脱・ワンパターンな着こなし」に重要な、主役を彩る名脇役を揃えましょう。

主役は、皆さんがいつも着ているベーシックアイテムです。

シンプルなワンピースやトップス、ごく普通のボトムス、何にでも組み合わせられそうな羽織りものなど、ベーシックだけどなくてはならない主要アイテムです。

その主役を支える**「主要7大名脇役」**が次の7つです。

・バッグ&シューズ
・スカーフ、ストール
・アクセサリー

・帽子
・サングラス、メガネ
・メイク、ネイル
・ヘアスタイル

これらを上手に使うことで、「脱・ワンパターン」が可能になります。
では7大名脇役の効果的な使い方を順番にご説明します。

❊バッグ&シューズ

家から外に出かけるとき、ほぼ必ず身につけるのがバッグ&シューズです。
この2つは、いくつかのバリエーションがあると、装いにかなり変化がつきます。
特にシューズは、ハイヒールからローヒール、フラットまでたくさん種類がありま
す。ブーツの長さも様々ですし、スニーカーやサンダルまで、素材も形もかなりのバ
リエーションがあります。

実際シューズが変わるだけで、装い全体のバランスと雰囲気がガラリと変わります。

いつもスニーカー、いつもパンプス、などと決めずにバリエーションを広げると、着こなし方の幅も広がります。

スニーカーひとつとっても、いわゆるスポーツテイストのもの以外に、メタリック素材を選ぶなど、素材のバリエーションを広げるだけでも印象が変わります。

バッグも同様に、**色や素材感、サイズなど違ったタイプ**があると変化がつきます。

✻スカーフ、ストール

シンプルベーシックな無地の服に華を添えるのが、柄物のスカーフ、ストールです。まさに名脇役です。**色使いや柄、大きさや素材によって雰囲気も変わるので、違ったタイプがいくつかあるとバリエーションが広がります。**服と違ってトレンドに左右されることが少ないので、かなり長い間使えるのもポイントが高いですね。

ちなみに、スカーフはエルメスなどに代表される正方形のものが基本で、最近はひし形もあります。ストールはぐるぐる巻いたり羽織ったりできる、長細い形状のものを言います。

これらを身につけるときのポイントは、布地の目に対して斜めに使うこと。タテ糸とヨコ糸で織られた布地の目をあえてバイアスに使うことで、ソフトで柔らかい印象に仕上がります。

❊アクセサリー

アクセサリーと言うとネックレス、ピアス、イヤリング、リング、ピンブローチ、時計、ブレスレット、コサージュ、ベルトなど、いろいろあります。

ネックレスは、繊細なタイプなら、さりげないエレガントさを演出できます。ボリューム感のあるものは存在感が出ます。また、「重ねづけ」でインパクトを演出することもできます。

重ねづけするときのポイントは、「統一感」です。シルバー、またはゴールドなどの**「色を統一する」**。カジュアル、またはエレガントなど**「雰囲気を統一する」**ことでまとまりが出ます。

ネックレスの長さは、服の面積に応じて調整しましょう。ストンとした、切り替えのない膝丈ワンピースなら、面積は縦長なのでロングネックレスを。トップがコンパクトなら、面積が小さいので短めにします。スカーフと併用して使うと、さらに華やかさを演出できます。

コサージュはパーティー用のものばかりではありません。デニムなどのカジュアル素材で作られた、日常のアクセサリーとして使えるものもあります。

ピンブローチも同様に、スカーフやストールと一緒に使うことも可能です。

ベルトはアクセサリー感覚で選ぶとコーディネートに使えます。ベルトで着丈やボリューム感の調節もできるので、細いタイプを1本持っていると便利ですよ。

❈帽子

似合う帽子の形は「顔の形」で判断します。**体型・顔の形にコンプレックスがある場合、自分の顔の形と似た帽子をかぶると、カバーしてくれる**ので安心です。

アゴがしっかりした四角い顔なら四角い帽子を、ふっくらとした丸い顔なら丸い帽子を選びます。大柄な方はつばの広い帽子を、小柄な方は小ぶりな帽子をかぶるとバランスがとれます。

帽子までいかなくても、ヘアアクセサリーとしてのカチューシャや、ボリューム感のあるヘッドドレスもおすすめです。髪の長さがある程度あるのなら、アクセントとして変化を楽しめるアイテムです。

サングラス、メガネ

おしゃれ感とインパクトを演出できる小物として、サングラスも名脇役のひとつです。普通にかけてもよし、カチューシャのようにヘアに使ってもよし、胸元に引っ掛けてもよしと、使い方は様々です。

これも帽子と同じように、**メガネの形は顔の形を基準に選びます。**

普段メガネをかけているのなら、フレームの色や、形の異なるもので変化をつけるのも良いでしょう。メガネも機能だけでなく、脇役のアクセサリーという視点で選んでみてください。

人は目を見て会話しますので、メガネには自然と視線が集まります。アクセントカラーのフレームで印象づけることも可能です。

メイク、ネイル

メイクやネイルを変えるのもひとつの方法です。

メイクはアイシャドウ、リップ、チークなどの色にバリエーションを持たせることで変化をつけます。ベーシックな装いでも、メイクを変えることで印象は変化します。ナチュラル系だけでなく、ブルー系、パープル系、ピンク系、オレンジ系などをほんのり淡く入れるだけでも、印象はガラリと変わります。

ネイルも同様に、気分によって季節感なども取り入れながら着替えると良いですね。

✻ヘアスタイル

ある程度の長さがあれば、巻き髪にしたり、アップにしたりと自分でもアレンジできます。ヘアアクセサリーで遊ぶのも良いでしょう。

時には思い切ってヘアカットする、ヘアカラーを変えるなどして、マンネリ打破をしてみてください。**着るものが同じでも、髪型が変わると印象は大きく変わります。**

メイクと同じように、ヘアスタイルも装いの一部です。

季節や気分に応じて、また、魅せたい印象に合わせて、7つの名脇役を上手に使ってみてください。

ファッションは、好きだから身につけるもの。服装術は、自分を印象づけるための戦略・戦術です。

装いは、あなたという商品を最上級に魅せるための「ラッピング」です。ひと工夫したいですね。

印象の良いものには調和がありします。調和がとれたものには、バランスの良さがあります。色使いも、形も、分量感も、装い全体が見た目に心地良く感じられることが大切です。

ここでは、見た目のバランスをとるために大切な、体型キープの方法、視覚トリックで体型コンプレックスを「目くらます」方法、そしてシルエットの見方などについて、お話ししてきました。

また多くの皆さんが抱える、「ワンパターンな着こなし」から抜け出す方法についてもお伝えしました。

これらを実際に試されることで、自分らしい装いの「魅せ方」がわかるはずです。ぜひ実践してみてください。

Chapter ＊ 4

アクション

豊かな表情を手に入れる

表情、話し方、しぐさ、動作などのアクションは、装い以上にその人の人となりを語ります。長年の思考や生活習慣で身についたものは、その身を包む装いだけでカバーできるものではないからです。

どんなにおしゃれな服に身を包んでいても、険しい表情で、荒っぽいしぐさや動作では「残念象」です。反対に、アクションすべてが洗練された明るい雰囲気の人であれば、ごく普通の装いでも十分に好印象でしょう。

このようにアクションは、**選ばれる好印象を手に入れるためのコミュニケーション手段として、とても重要**です。

アクションの中でも特に重要なもののひとつは「表情」です。

表情が乏しいと、「怒っているのかも？」と相手の誤解を招きかねません。また、嬉しいのか、悲しいのか、面白いのか、退屈なのか、感情が相手に伝わらないのでコミュニケーションが上手くとれません。

表情が乏しくなる原因のひとつ、それは、**表情筋の固さ**です。

表情筋とは表情を作るための筋肉です。表情が乏しい、笑顔が上手くできないなどの原因は、表情筋が固まってしまっている場合が多いです。

身体の筋肉は筋でつながっていて、関節を動かして屈伸運動をすれば鍛えられますが、表情筋は頭蓋骨の上に乗っているだけなので、屈伸ができません。なので鍛えるためには、顔を大きく動かす必要があります。

適度に動かしてストレッチをしないと身体が固くなるのと同じように、顔も動かさないと固まってしまうのです。

外国語の多くは、発音し喋るときに、舌筋や表情筋を多用するので固まりにくく、また、表情そのものも豊かです。それに比べて日本語は顔全体を使わなくても、口の周りの筋肉だけで喋ることができるので、表情筋が退化しやすいと言われています。

では、表情筋を鍛えるためのトレーニング方法をご紹介しましょう。

その名も、**「ウキウキ・ワクワクトレーニング」**です。

このトレーニングは、その名の通り、「ウキウキ」「ワクワク」と言いながら表情筋を鍛えるものです。

行うときは、次の2つを必ず守るようにしましょう。

1．顔は思いっ切り動かすこと
2．鏡を見ながらやること

まずは、「ウキウキ」からです。

①顔全体をじゃんけんのグーにするイメージで、目、鼻、口を顔の中心に集め、2〜3秒かけて「ウ〜」と声に出します。
②次に、顔全体を横に広げるイメージで口を大きく横に開き、2〜3秒かけて「キ〜」と言います。このとき、アゴから首にかけても力を入れるようにしましょう。目は大きく開きます。①と②を2回、繰り返します。

表情筋を鍛えるウキウキトレーニング

①目、鼻、口を顔の中心に集め、2～3秒かけて「ウ～」と声に出す。

②口を大きく横に開き、2～3秒かけて「キ～」と声に出す。
※このとき、アゴから首にかけても力を入れるようにしましょう。目は大きく開きます。

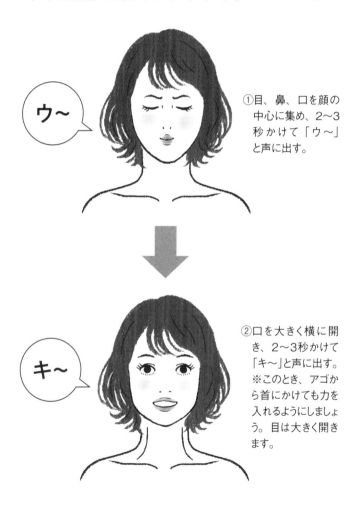

次に、「ワクワク」です。

①顔全体をじゃんけんのパーにするイメージで、目、口を思いっ切り開き、2〜3秒かけて「ワ〜」と声に出します。目を大きく開くときにおでこを動かさないように注意します。あくまでも目だけを開くように鏡で確認してくださいね。

②次に、顔全体をじゃんけんのグーにするイメージで、目、鼻、口を顔の中心に集め、2〜3秒かけて「ク〜」と声に出します。①と②を2回、繰り返します。

「ウキウキ」と「ワクワク」を、数回繰り返しましょう。

すると、顔がポカポカしてくると思います。筋肉をしっかり動かせている証拠です。

トレーニングは1日何回やっても構いませんが、少しずつでも毎日継続することが大切です。

まずは3日続けましょう。3日続いたら、1週間続けてみてください。3週間も経てば変化を感じるはずです。

顔そのものが柔らかくなりますし、表情も作りやすくなりますよ。

✦ 表情筋を鍛えるワクワクトレーニング

①目、口を思いっ切り開き、2～3秒かけて「ワ～」と声に出す。
※目を大きく開くときにおでこを動かさないように注意します。あくまでも目だけを開きます。

②目、鼻、口を顔の中心に集め、2～3秒かけて「ク～」と声に出す。

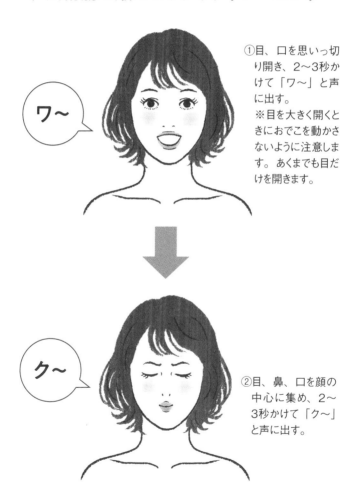

最強の笑顔の作り方

「笑顔に自信がありません」という方は少なくありません。たいていの場合、原因の多くは前述した表情筋の固さにありますが、実はもうひとつ原因があります。

それは、**マインド**です。

自分のことがあまり好きじゃない、自分に自信がないと、どうしても表情は曇りがちになりますし、笑顔も作りにくくなります。

そんなマインドをほぐすために効果的なことのひとつが、**自分の最強の笑顔を自分で確認する**ことです。

「私は笑顔が下手」と思い込んでいる方が多いですが、方法さえわかれば、最強の笑顔は誰にでも作れます。最強の笑顔を手に入れたら、絶対的な自信を手に入れることができます。

笑顔を作るためにはよく、「口角を上げましょう」と言います。写真撮影するときの「チーズ」や「ピース」の掛け声は、口角を上げるためのものです。

ただし、口角を上げることはとても大切ですが、「チーズ」や「ピース」と言って口角を上げても、目まで笑っていないことがあります。これは、マインドがついていけていないからです。せっかくの笑顔がちょっと残念です。

最強の笑顔とは、顔全体が笑顔になることを言います。

ウキウキ・ワクワクトレーニングで、顔が柔らかくなって表情も作りやすくなっている今、最強の笑顔を手に入れましょう！

さて、あなたの大好きな人は誰ですか？　恋人、旦那さま、お子さん、それともタレントさんでしょうか？　ワンちゃん、ネコちゃんなどのペットかも知れませんね。大好きな食べ物、大好きな場所、何でも良いので、大好きなものを思い浮かべてみてください。

そして思い浮かべながら、「大好き〜！」と鏡の前で言ってみてください。

そのときのあなたの表情は、目元も柔らかく、きっと顔全体が嬉しさにほころんでいるはずです。これがあなたの「最強の笑顔」です。

気持ちがのっていると自然と表情も変わりますよね。この笑顔を自撮りして、写真画像で客観的に見てみてください。

「こんな私がいたの？」と新たな発見があるはずです。

笑顔が下手という思い込みが取り払われたら、練習として、どんどん自撮りして笑顔をチェックしましょう。

最強の笑顔を繰り返し見ているうちに、自信が出てきて、意識しなくても自然で素敵な笑顔を作れるようになります。

表情は母音で作る

話をしていて相手の表情に変化や反応が少ないと、話が伝わっているのかどうか、話している側にはわかりません。

私はセミナー講師として皆さんの前でお話をするとき、頷いたり、笑ったりしてくださる生徒さんのほうをついつい見てしまいますし、興味を持ってくださっていると思うと、自然と力が入ります。普段の会話でも、話にいろいろと反応してくれる相手には好感を抱きますし、話も弾みます。

相手の話に納得したら、「うん、うん」と頷きながらしっかり頭を動かして、「笑顔」を見せましょう。

さらにプラスしたいのが表情です。好印象を与える表情を作るコツは、**母音を発音するときの口元と目の表情**です。

ひとつずつ見ていきましょう。

「あ～！」は主に、**納得**を表します。

「あ～、そうなんですね！」「あ～、なるほど！」「あ～、これで理解できました」

「いい♪」は主に、**好感**を表します。

「いいわ♪　素敵です」「いいですね♪　さすがです」「いい感じですね♪」

「うん」は主に、**同意**を表します。

「うん、それがいいと思う」「うん、そうしましょう」「うん、私も同じです」

「え～っ!?」は主に、**驚き**を表します。

「え～っ!?　本当ですか！」「え～っ!?　知らなかった」「え～っ!?　まさか」

「おぉ～！」は主に、**感動**を表します。

「おぉ〜！　素晴らしい」「おぉ〜！　初めて知りました」「おぉ〜！　最高ですね」

しっかりと口を大きく開けて「あ、い、う、え、お」を発音するだけでも、相手に気持ちが伝わります。

まずは「あ、い、う、え、お」の発音を意識することから始めましょう。

心に響く話し方で相手を虜にする

話し上手な人が心がけていること。それは、**話が相手に「伝わる」ことと、話が相手の「心に残る」こと**です。

友達とのお喋りは、皆さん大好きだと思いますが、仕事や交流会、改まった席で話すのはいかがでしょうか。

「人前での話は苦手です」「会話が続かないんです」「初対面の人と何を話せば良いのかわかりません」という方は結構多いのではないでしょうか。

特別に話し上手でなくても、会話はスムーズにできるほうが好印象です。そのためにも、まずはきちんと話が伝わることが大切です。また、話が相手の心に残れば、あなた自身が印象に残ります。

ここでは、好印象を与える「話し方の基本」についてお話ししましょう。

伝わる話し方の基本① 口はしっかり開けて発音する

口の中でモゴモゴ言っていて、よく聞き取れないことは結構あります。これではそもそも「話が伝わる」以前の問題です。活舌を良くして相手に聞き取りやすくするためにも、意識的に表情筋を使って、口をしっかり開けて発音するようにしましょう。

「表情は母音で作る」とお話ししたように、表情豊かに、**母音をしっかり発音するように意識すると**、モゴモゴと喋る問題は自然に解決します。

伝わる話し方の基本② 語尾を消さない

語尾が消えてしまい、何を言っているのかわかりづらいことがあります。当然内容が伝わりませんし、自信がないような、弱々しい印象を相手に与えてしまいます。

話すときは最後の一語まできちんと発音して、最後の句点「。」まで意識しましょう。最後まで気を抜かずに話し終えるようにすると、話に説得力が出ます。特にプレゼン、商談、交渉の場では効果的です。

伝わる話し方の基本③　話すスピード

聞き取りやすいスピードってありますよね。たとえ活舌が良くても、早口でまくし立てられると聞く側は疲れてしまいます。

人が理解しやすいのは、1分間に300字程度を話す速さと言われています。と言ってもピンと来ないと思うので、10秒間に50字程度の速さで考えましょう。

例えば、「友人からとても美味しい料理のレシピを教わりました。すごく簡単なのに美味しくて、家族に大変喜ばれました」が約50字です。

これを10秒で読んでみると、具体的な感覚がつかめると思います。

伝わる話し方の基本④　間のとり方

聞き取りやすく話すには、間《ま》をとることも重要です。例えば、交流会で自己紹介をするとします。そのときには、**フレーズとフレーズの間に「ハイ」という間《ま》を入れて話す**ようにしましょう。もちろんこの「ハイ」は声には出しません。

「初めまして、こんにちは（ハイ）。3秒で心をつかみ、選ばれる人になる好印象をプロデュースしております（ハイ）、好印象プロデューサーの原田眞里と申します（ハイ）。今日は話し方について学びを深めたいと思います（ハイ）。どうぞよろしくお願いいたします」みたいな調子です。

間《ま》を上手く使って、メリハリのある話し方を練習してみてください。

❉伝わる話し方の基本⑤　ドレミファ「ソ」の音で

以前、元アナウンサーの方に、**「一番耳に心地良い音程はソの音」**と、教えていただきました。

今、普段の音程で「皆様、こんにちは」と言ってみてください。次に、ソの音で言ってみましょう。いかがですか？　「ソ」は結構、高いことに気づかれると思います。ずっとソの音程で話すのは難しいかもしれませんが、話の最初だけでもソの音で始めるように心がけてみてください。

この5つを身につけて、話し方でも好印象を与えましょう。

「褒める」で攻める

褒められて嫌な気がする人はあまりいないでしょう。

人は自分に共感してくれる人を、価値観を共有できる仲間だと思い、その人に親近感を抱きます。自分を理解し認めてくれていると思うので、褒められると嬉しいのは当然です。

ちなみに、お世辞を言うことと、褒めることは違います。お世辞は「建前であり媚《こび》」ですが、褒めるという行為は「本音であり共感」です。

以前、営業のプロから教えていただいたこんなフレーズがあります。

「自分の商品を売り込む前に、まず相手の商品を買いなさい。まず相手の喜ぶことをして感情を満たしなさい」

これは、次のように置き換えられます。

「自分を受け入れてもらう前に、まず相手を認めて共感し、受け入れなさい」と。

覚えていただくのも選んでいただくのも、相手に受け入れていただいてからの話です。そのような意味でも、「褒め言葉」を会話中に積極的に使うことをおすすめします。

ではここで、営業のプロに教えていただいた「褒め言葉」を、あいうえお順にご紹介します。

【あ】ありがとう、いい感じ、嬉しい、えらい、面白い
【か】感激、気が利く、グッジョブ、元気、心強い
【さ】さすが、しなやか、すごい、正義感、尊敬
【た】楽しい、力強い、艶やか、丁寧、特別
【な】ナイス、にこやか、抜きん出る、熱心、能力が高い
【は】華がある、惹きつける、プロ、勉強家、包容力
【ま】マメ、魅力的、無邪気、目立つ、モテる
【や】優しい、夢がある、予想以上
【ら】楽勝、理想的、ルンルン、礼儀正しい、ロマンティック
【わ】若々しい、ウォ～!、ん～!

こんな言葉で褒めてくれる人がいたら、嬉しくて私なら仲良くしたいと思います。

そして、気づかれましたか？

「ありがとう」という感謝の言葉も褒め言葉のひとつなのです。

そして「ウォ～！」「ん～！」は感嘆詞ですが、ポジティブな反応として出た感嘆詞なら、これも褒め言葉と言って良いでしょう。

褒め言葉は自然にサラリと使うのがコツです。

普段から相手の良いところを見つけるように意識していると、これらの言葉はごく自然に出てくるようになりますよ。

上手に使って、ぜひ望む相手を攻め落としてみてください。

姿勢を良くする最も簡単な方法

「立てば芍薬《しゃくやく》、座れば牡丹《ぼたん》、歩く姿は百合の花」という言葉があるように、立ち居振る舞いが美しい女性は、見ていても気持ちが良いものです。

同時に、「自分もきちんとしなきゃ！」と相手に思わせる、無言の迫力のようなものを感じます。

美しい立ち居振る舞いは普段の生活の中で、時間をかけて身につくものであって、付け焼刃的に短時間で得られるものではありません。

美しい身のこなし、姿勢の保ち方は、日々の生活習慣の中に意識的に取り入れることで自然と身につきます。

無地のTシャツにデニムというシンプルな装いでも、背筋がピンと伸びて颯爽と歩く人は見ていて気持ちが良いです。

姿勢が良い人は、堂々と胸を張って自信に満ちて見えますし、日々の生活態度もきちんとしているようにさえ感じます。

あなたの普段の姿勢はどうでしょうか。

ここで、姿勢をセルフチェックしてみましょう。

壁を背にして、**①後頭部、②肩、③お尻、④足のかかと**がつくように立ちます。この4カ所が、ほぼ無理なく壁につくようであれば良い姿勢です。

ところが多くの場合、「肩」に無理を感じます。パソコンやスマホを頻繁に扱うことが原因で、肩が前に出てしまう「前肩」の姿勢が身体に定着しているからです。

その場合は肩甲骨を中央に寄せ、**肩を少し後ろに引いて**みてください。胸が開いて、同時に背筋も伸びるのがわかるはずです。

前肩の姿勢を修正するだけでも、姿勢は見違えるほど良くなります。

「眞里さんって姿勢が良いですね」とよく言われるのですが、実は良い姿勢が習慣づいた原因は、ニューヨークでの暮らしにあります。

マンハッタンのオフィス街はまさに高層ビルだらけ。そんな高層ビルの林の間をぬって、毎日デザインルームに通っていました。

競争に勝つために必死だった私は、下を向いてトボトボ歩くよりも、高層ビルのはるか上に垣間見える青空から元気をもらいたくて、しょっちゅう空を見上げていたのです。

空を見上げると、自然に背筋が伸びませんか？　そんな毎日の習慣から私の今の姿勢はできたと思います。

姿勢を良くしたいのなら、下を向いて歩くのではなく、空を見上げて歩くようにしてみてください。意外な発見もあって楽しいですよ。

「八方ふさがり」という言葉がありますが、八方すべてがふさがれて、にっちもさっちもいかない状態であっても、「天は常に開いている」と聞いたことがあります。

八方ふさがりの状態でなくても、日に1回は希望を持って空を見上げたいものです。

希望を失って落ち込んでいると、肩は落ち、背中も丸まり、視線は自然と下へと落ちていきます。電柱の下のほうに「浮気調査○○探偵事務所」「中高年結婚相談」などの貼り紙を見たことはありませんか？

「一体どうしたらいいんだろう……」と途方に暮れて歩く人の目にとまるよう、下のほうに案内を出しているのです。

このように、人の気持ちの在りようは、自然と姿勢にも反映されるのです。気持ちを前向きに、上を見上げて歩くことで、キレイな姿勢を手に入れましょう。

細見え、脚長見えのポージングで差をつける

姿勢に気をつけることができるようになったら、次は若々しくスッキリ魅せるポージングについてです。

動作から見えるもの、それはズバリ「年齢」です。具体的な歳を言っているのではなく、動作によって若々しく見える人、お年寄りに見える人がいるということです。ハツラツとしてテキパキした動作、しなやかでリズミカルに流れるような動作は、若々しい印象です。逆に精気がなく緩慢な動作、硬く重そうな動作はどうでしょう？つい「大丈夫かしら？」と思ってしまいます。

若々しく魅せるために普段から意識したいこと、それは「動く」ことです。

面倒がらずに、自ら積極的に動くこと。これを心がけていれば、特別な運動をしなくても、重そうな動作や、余分な体脂肪の蓄積を阻止することができます。

最大の敵は「不精」です。不精は身体と心をよどませ、サビつかせます。面倒くさ

い、疲れた、別にいいや、後で……。こんな思いや態度だと、身体はどんどん動かなくなってしまいます。歯車は回っていると加速しますが、止まるとサビついてしまいますよね。これと似ています。

動作は若々しくても、今ひとつあか抜けないときは、ポージングの方法を身につけて活用しましょう。スッキリ細く見える立ち姿は次のように作ります。

①背筋を伸ばして立ち、片方のつま先を時計の針の「12時」、もう片方のつま先を「10時」、または「2時」の方向に向けて立ちます。

②かかと同士はつけずに、「10」、または「2」を指しているほうの足を、足の大きさ分、一歩後ろに引きます。このとき、重心は後ろに引いた足に置きます。引いた足は、前にある足の真後ろに来るようにします。

③上半身は、少しひねる感じで前を向きます。腕はヒジを曲げて、ヒジから下の腕の内側を、軽く腰骨のあたりに当てる感じで。手はおへそより少し上で組むと脚が長く見えます。

✦ スッキリ細く見える立ち姿のポージング

上半身は、少しひねる感じで前を向く
腕はヒジを曲げて、ヒジから下の腕の内側を、軽く腰骨のあたりに当てる
手はおへそより少し上で組む
つま先を時計の針の「10時」、または「2時」の方向に向ける（右足の場合は「2時」）。かかと同士はつけずに、足の大きさ分、一歩後ろに引く。このとき、重心は後ろに
つま先を時計の針の「12時」に向ける

次に、脚長に見える座り方もご紹介しましょう。

①椅子から落ちない程度に、なるべく浅く腰掛けます。

②膝を揃えてつま先を少し前へ出したら、足を左右のどちらかへ斜めに流します。このとき、外側の足先はやや外側へ向けます。内側の足は少し引いて外側の足の陰に入るようにすると、脚全体がまとまって細く長く見えます。

ここでも背筋を伸ばすことを忘れないようにしましょう。この細見え、脚長見えのポージングを、ぜひ姿見の前でやってみてください。

ビフォー&アフターを撮影して比べると、効果のほどは一目瞭然ですよ！

脚長に見える座り方のポージング

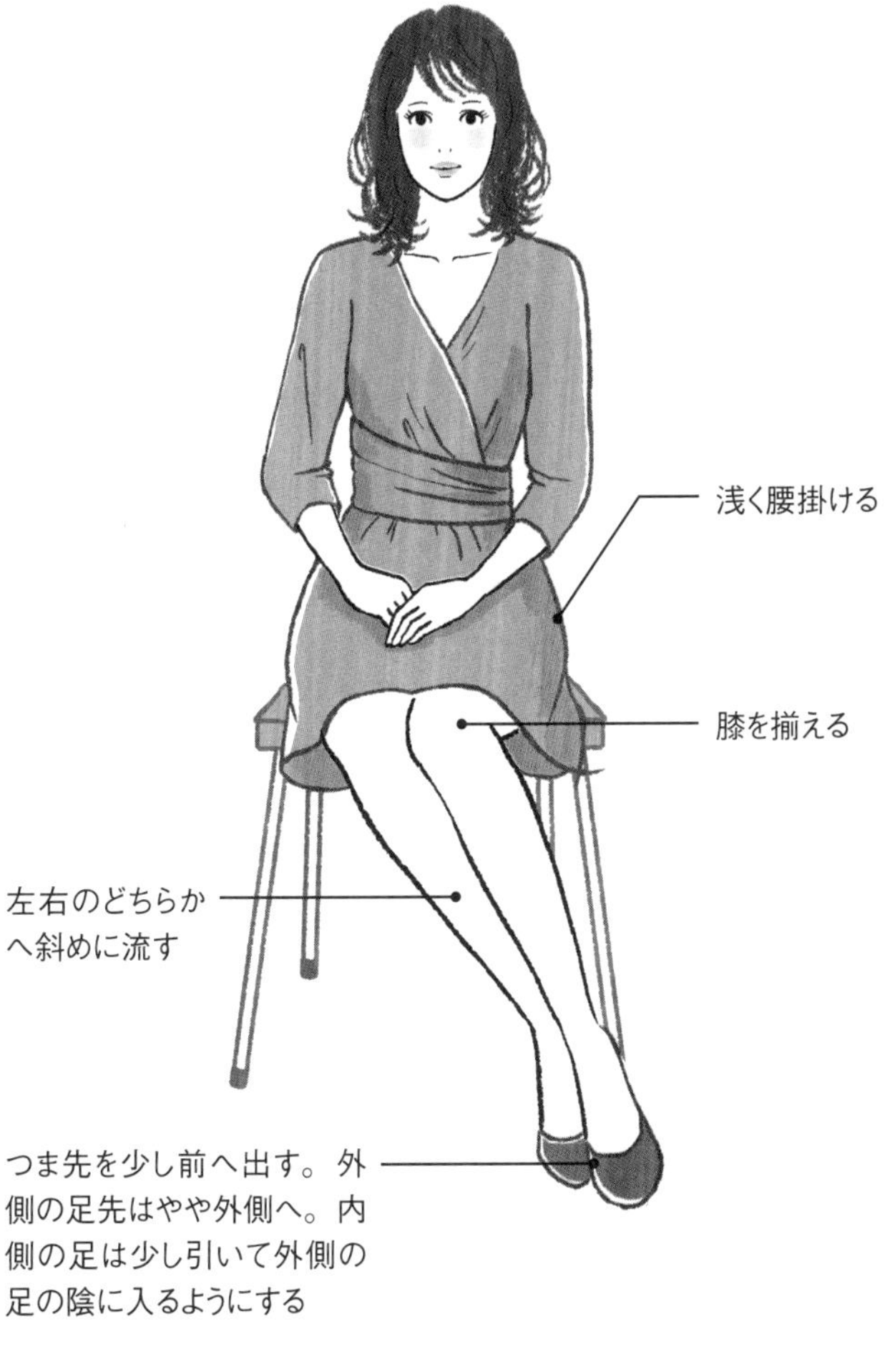
浅く腰掛ける
膝を揃える
左右のどちらか
へ斜めに流す
つま先を少し前へ出す。外
側の足先はやや外側へ。内
側の足は少し引いて外側の
足の陰に入るようにする

心の「姿勢」がすべてのアクションに通じる

ここまで、表情、笑顔、話し方、姿勢といった一連のアクションについてお話ししてきました。

すでに気づいておられると思いますが、アクションには**見えない心の状態、日頃の在り方が表れます。**

感謝にあふれた安定した心の状態は、柔らかく丁寧な動作や、温かみのある穏やかな表情として表れます。話題もきっと明るく楽しい内容でしょう。

不平不満を抱えてイライラしている心の状態は、投げやりで荒々しい動作や、眉間にシワの寄った険しい表情として表れます。

自信に満ち、前向きで挑戦を恐れない心の状態だと、動作は大胆で機敏、そして快活になるでしょう。胸を張った堂々とした姿勢になり、瞳も輝いているはずです。

不安を抱えた後ろ向きの心の状態だと、表情は暗く口数も少なく、背中も丸まってしまいます。

装いは、鏡を使えば自分でも見ることができます。確認できるので、おかしなところがあれば調整できます。ところがアクションは、人から見えても自分では意外と見えない、気づかないことがあります。

特に気をつけたいのは「クセ」です。例えば、眉間のシワ、ものを見るときの目つきなど表情のクセ、膝を曲げて足を引きずる歩き方、人を責める口調、否定的な言葉使いなどは、好印象どころか「残念象」です。

「私、大丈夫かしら？」と不安に思う場合は、家族など、近しい人に聞いてみてください。「変なクセがあったら教えて」と。

指摘してもらえたら、素直に認めて、意識的に直すように努力しましょう。

装い以上に、その人の「人となり」を語るアクション。

ここでは、コミュニケーション手段として重要な、笑顔を基本とした表情、伝わる話し方、また美しく魅せる姿勢の作り方、ポージングについてお伝えしました。

服やバッグ、ヘアメイクなど身につけるものは、お金で買うことができますが、表情、笑顔、話し方、姿勢、しぐさなどのアクションは、お金と引き換えにすぐ手に入るものではありません。

日々の生活の中で、意識的に心の姿勢を磨くことを習慣づけて、好印象を与えるアクションを手に入れるようにしたいものです。

Chapter ＊ 5

マインド

ゴージャスなのに
いつも顔が怖いオーナーデザイナー

ニューヨークで、3カ月間無給の職場で働いていた頃のことです。

そこのオーナーは女性で、声も身振りも大きく、とてもパワフルでした。いつも派手なヘアメイクにゴージャスな衣装。まるで歩く孔雀《くじゃく》のような印象でした。そのパワーと一種のカリスマ性に圧倒されて、最初の頃こそ彼女に憧れを抱いていました。

「いつか私も、こんなふうに華やかなデザイナーになりたい！」と。

ところが、アトリエに通ううちに、彼女の顔がいつも怖いということに気づきました。笑った顔でさえ、怖かったのです。

彼女は、常に大きな声で怒鳴り散らし、イライラしていました。何にイラついているのかは私にはわかりませんでしたが、それは職場全体の雰囲気にも悪影響を及ぼしていました。スタッフは皆ピリピリ。私はいつもビクビクしていました。結局私は3カ月経つか経たないかで〝クビ〟になったわけですが、そこを離れてみて思いました。

「彼女は本当に幸せなんだろうか？」と。

華やかな外見と比べてあまりに心がすさんでいるようで、印象のチグハグさを感じたからです。

いくら外見的にはゴージャスに見えても、心が伴っていなくては、そのゴージャスさは偽物なのではないか。

もしかすると彼女は、すさんだ心をカバーするために華やかに装っていたのかも知れませんが、無意識に作られる怖い表情は、カバーできなかったのだとわかったとき、ちょっぴり彼女が気の毒になりました。

見える外見（ソトミ）と見えない内面（ナカミ）との関連性、自分の「マインド」が相手にどのような印象を与えることになるのか、このときから考えるようになったのです。

マインドは見た目に表れる

「外見は内面の一番外側にある」と聞いたことがあるでしょうか？　これは、その通りです。

見た目という外見は、実は見えない心（内面）の表れなのです。外見と内面は表裏一体。まるで「メビウスの輪」のようにつながっています。

装いやヘアメイク、立ち居振る舞いなどで、外側を意識的にキレイに見せることはいくらでも可能です。しかしすでにお伝えした通り、笑顔、表情、姿勢、しぐさ、話し方といったアクションが伴っていないと、好印象とは言えません。

第一印象は見た目が9割と言いますが、「好印象はマインドが9割」、それが「魅せ方」に表れる、というのが、私が長年、印象作りのサポートをしてきて得た持論です。

そのうちの、**「目つき」「顔つき」「身体つき」**には、その人の日頃の在り方、マインドがそのままストレートに出ます。

つまり、**マインドが整っているかどうか、それが見た目に表れてしまうのです。**

「目つき」には、意識が表れます。「目は心の窓」「目は口ほどにものを言う」と言いますが、たとえ言葉を発しなくても、目を見るとその人がどれだけ真剣か、またどのような意識を持っているかがわかります。

純粋で心の美しい人の目つきは柔らかく、澄んでいます。

野心あふれる意欲ある人の目つきは真っすぐで、輝いています。

目的を失い、迷い、あきらめている人の目つきは沈み、輝きがありません。

責める目つき、疑いの目つき、よこしまな目つき、甘える目つき、値踏みする目つき、媚びる目つき……、いろいろな内面を目は映し出します。

また、口元は笑っていても目が怒っている、などということもありますね。目はウソをつけません。

「顔つき」には、考え方、心の在り方、価値観が表れます。

第16代アメリカ大統領であるリンカーンの有名な言葉に、「40歳を過ぎたら自分の顔に責任を持て」というものがありますが、これは何に価値を見出し、日々どのようなことを考えて生きているか、40年も経てばそれが顔つきとして定着するという意味です。

肯定的に物事をとらえ、常に素直に、前向きな考え方で過ごしていると、明るい顔つきに。否定的に物事をとらえ、後悔しながら後ろ向きな考えで過ごしていると、暗い顔つきになります。

他にも、自信がなく自分を許せない沈んだ顔つき、自分を愛し許せる晴れやかな顔つき、また、優しい顔つき、険しい顔つき、散漫な顔つき、怪しい顔つきなど、常日頃のものの考え方が顔つきから透けて見えるのです。

「身体つき」には、日々の生活習慣と、そのときの精神状態が表れます。

生まれつきの体質は別として、一般的に身体は食事を中心とした、日々の生活で育まれます。バランスのとれた食生活であれば健康的でパワーにあふれ、偏っていればひ弱で体力不足になります。食べすぎの場合はメタボになってしまいます。

また行動的で腰の軽い人、快適でしなやかに生きたいと願い、適度な運動が生活習慣に組み込まれている人は、基本的にスリムで、贅肉は少ないことが多いでしょう。逆に腰が重く、なるべくなら動きたくない人、めんどくさがりでほとんど運動しない人は、平均よりもやや太めで贅肉は多いはずです。

このように、内面は外見に表れるので「好印象を与えたい！」と思うのであれば、見える部分だけでなく、常日頃の自分の考え方やマインドの在り方に気をつけることが、大変重要になってきます。

想いが形を作る「思考の現実化」

目には見えないけれど、内面が表れるものがあります。

それは、**「声」**と、**その人からかもし出される「存在感」**です。

心のキレイな人の声には、澄んだ透明感があります。高い・低いというトーンとは関係なく、耳にしたときに心地良い柔らかさが感じられます。

逆に、自己中心的な考え、やましい思いを抱いている場合は、声がこもって聞こえたりします。話し方が上手・下手、活舌が良い・悪い。そういうものとは関係なく、人は「正直さ、誠実さ」「怪しさ、やましさ」などというものを、声の「響き」から感じ取ることができます。

以前、水の結晶を撮影した写真集を見たことがあります。その写真集では、人が水に明るい言葉、良い言葉をかけたときの結晶と、暗い言葉、悪い言葉をかけたときの結晶の形の違いが紹介されていました。明るい言葉、良い言葉をかけた結晶は美しく、暗い言葉、悪い言葉をかけたときの結晶は歪んでいました。声も言葉も「波動」です。見えない響きとして相手に伝わるものなのです。

存在感のある人っていますよね。独特の雰囲気がある、パワーがある、オーラがある人。その人が現れただけで、言葉を発しなくてもその場の空気が「パッ！」と一変してしまうような存在感は、その人が持っている、見えない内面の大きさや深さ、強さの表れです。

逆に、いるのかいないのかわからないような、影の薄い人もいます。存在感が薄い人は、心を閉ざしていたり自分を否定していたり、自信がなかったりする場合が多いのです。

存在感を身につけると、何も言わずとも好印象は気配で伝わり、相手を魅了することができます。

このように人の外見をはじめ、聞こえる声、相手から感じられるものには、すべて内面が表れています。

アート作品は作者の想いの表現です。作者が心で感じたこと、イメージを作品という形で表現しています。

私たちは見る、聞く、触れる、味わうなどの五感を通してその作品に接することで、見えない作者の心＝スピリット（精神）に触れることができます。優れたアート作品と世に称されるものからは、高い精神性や深い想いを感じるのはこのためです。

ある意味では、人もアート作品と同じと言えます。

理想の人物像があり、「自分もそんな人で在りたい！」と心から望むならば、**「自分というアート作品」の内面を充実させる**必要があります。

内面を充実させれば、それに合った現実を引き寄せることができるからです。

では、内面を充実させて望む現実を手にするには、どうすれば良いのでしょうか。

常に前向きなプラス思考で、周りの人々に愛と感謝の気持ちを持つよう意識すれば、やがてその内面が充実し、その状態があなたを取り巻く環境に表れてきます。

とは言っても、実践するのはなかなか難しいかも知れません。今のあなたのままで在りながら、内面を充実させるマインドの育て方をご紹介しましょう。

マインドの育て方①
否定的な言葉を使わない

内面を充実させるためのマインドの育て方にはいろいろあります。

ここでは、私自身が体験して効果があった、いくつかの方法をご紹介します。


ひとつ目は、**「否定的な言葉を使わない」こと。**

使うのは極力、「肯定的な言葉」だけにしましょう。

否定的な言葉を使わずにいると、自然と物事を肯定的に見るようになります。不安や迷いも減ってきます。自分も他人も、受け入れやすくなります。

すると幸せ感がアップし、自己肯定感がアップ、周りからの評価もアップするなど、どんどん環境が良くなっていきます。

なぜこのように現実が変わるかと言うと、肯定的な言葉を使うことで、自分の周りに**肯定的なエネルギー＝波動が満ちてくるから**です。負のエネルギーを寄せつけなくなるのです。

言葉は「言霊」と言いますね。発する言葉には、想いのエネルギーが込められています。しかも自分が発した言葉は、ブーメランの法則で、すべて自分に戻ってきます。「素晴らしいですね」と発すれば、そのうち自分も誰かに「素晴らしいですね」と言われます。

そう考えると、否定的な言葉の代わりに良い言葉、嬉しい言葉、褒め言葉を人にかけるほうが良いと思えませんか？

もちろん、それがお世辞では意味がありません。お世辞を言うと、お世辞が自分に戻ってきますから。

そうは言っても、つい否定的な言葉が出てしまうことは当然あります。

「あ〜、失敗しちゃった」「難しくて無理です」「あなたってダメね」など。

そんなときは、「あ、失敗は成功のもと。大丈夫！」「今は無理でも、必ずできるようになります！」「今はダメでも、将来に期待するわ」と、**すぐに言い直せばそれで大丈夫。**いちいち気にしないことです。

また、何か不安や迷いを感じてなかなか抜け出せないときは、こんなおまじないの言葉を口にしてください。

「すべてはこれからどんどん良くなる！　絶対に大丈夫！」

「自己暗示をかける」のです。

唱えているときはそう思えなくても、言葉として発しているうちに、そんな気持ちになってきます。どんどん良くなるという波動が、あなたをちゃんと包んでくれますから、絶対に大丈夫ですよ。

「否定的な言葉を使わない。使うのは肯定的な言葉のみ」

今、この瞬間から始めてみてください。

マインドの育て方②
何事も肯定的にとらえる

2つ目は「何事も肯定的にとらえる」ことです。ひとつ目と連動していますね。

実際、物事をどんな角度から見るかによって、ものの見え方も、人生そのものも変わります。

例えば、「家が狭くて十分なスペースがない」と不満に思ってイライラするよりも、「多少狭いけれど、家があってありがたいなぁ」と思えば、狭いながらも楽しい我が家、になります。

どちらのほうの幸福度が高いかと言うと、当然後者です。

肯定的にとらえるとは、「ないものを嘆くのではなく、あるものを喜ぶ」というものの見方です。

このように物事を肯定的にとらえる練習をすれば、物事をプラスに活かすことができるようになるので、すべてのことに対して感謝できるようになります。

仮に仕事で、高く大きな壁に阻まれるとします。

でも、たとえ「ピンチ」な状態になっても、それも「チャンス」だと肯定的にとらえましょう。ピンチは、さらに良くなるための足踏みのときです。

そうやってプラスに活かせば、目の前に立ちふさがる大きな壁が、壁ではなく扉に見えてくるはずです。未来へと続く、新たなステージへの扉です。

望まないことが起こったとしても、それはそこから何かを学び取るために起こっています。扉を開くために起こるのです。

物事の背景には、必ず何らかの意味があります。ピンチを嘆くのではなく、肯定的に学べるチャンスだ、ととらえれば感謝できるでしょう。

「感謝」の反対語は何かご存知ですか？

それは、「当たり前」だそうです。身体が動いて当たり前、毎日目覚めて当たり前、ご飯が食べられて当たり前……。

私たちは皆、周りのサポートがあって存在できています。「当然」と思っていることにも改めて感謝すれば、どんな出来事も肯定的にとらえることができるでしょう。

マインドの育て方③

自然の流れに身をゆだねる

3つ目は**「自然の流れに身をゆだねる」**ことです。何事も流れに身をゆだねることができると、スイスイと抵抗なく、無理なく生きていけます。

1日に昼と夜があるように、呼吸に吐く息と吸う息があるように、人生にもリズムがあります。春夏秋冬のリズムです。

芽を出す準備のために、土の上の不要物を取り除く時期。春になって芽を出し、スクスク育つ時期。育った枝を剪定《せんてい》して、育つ方向を決める時期。陽の光を浴びて大きな花を咲かせる時期。豊かな実りと収穫の時期。葉を落として冬の準備をする時期。種となってしっかり地中の養分を吸収して、根を張る時期。

その人その人によってその時期は異なりますが、春夏秋冬の巡るリズムは同じです。今の時期が自分にとってどんな季節に当たるのか？　立ち位置を感じられれば、それを受け入れ、上手くリズムに乗ることができます。

そして大切なのは、「谷底だから、冬の季節だから悪い」「山の上だから、夏の季節だから良い」という見方をしないことです。季節に、良い・悪いはありません。

冬には冬に相応しい、夏には夏に相応しい過ごし方がある、というだけなのです。冬、谷底のつらい状況は、これからさらに良くなるために、身をかがめる準備期間です。しっかりと地中の養分を吸収して、春の芽吹きの時期に備えましょう。

人生も物事もすべて、同じ状態が一生続くということはあり得ません。

流れを抵抗せずに受け入れれば、行き着くべき先には必ずたどり着きますから大丈夫です。

人生は移り変わるものだということを知っておくと、大きな不安からも解放されて心も軽くなるはずです。

存在感を身につけるカギ①

上質な空間の中に身を置く

マインドが空気感となって伝わるもの、それが**「存在感」**です。

すでにお話ししたように、存在感を身につけると、何も言わずとも、好印象が気配で伝わり、相手を魅了することができます。

ここまでは、マインドの育て方についてお話ししてきましたが、マインドをさらに磨くには、自分以外のものを上手に利用することが効果的です。

特にマインドを磨いてくれるものは、**「空間」「人」「もの」の3つ**です。これらを上手に利用することでマインドはさらに磨かれ、圧倒的な存在感を身につけることができるようになります。

まずは、**「空間」**についてお話ししましょう。

空間の持つエネルギーは人に影響を与えます。洗練された質の高いものに囲まれた空間、最上のサービスが提供される空間、本物で造られた歴史ある場所などの「上質な空間」には、素晴らしい波動が満ちています。その波動エネルギーが、マインドをさらに磨いてくれるのです。

上質な空間では、**しばしの間、自分の身をその場に置くことが大事**です。上質な空間に飲まれないだけの度胸がつくことで、存在感が身につくとも言えます。

特に美術館は「上質な空間」の代表格のひとつです。

高い精神性が宿る優れた芸術作品の数々を、大切に包み込むために造られた、天井高く広がりのある空間。そんな場では、芸術作品と空間の両方からエネルギーの影響を受けます。

歴史的建造物もまたしかり。大きなコンサートホールや劇場もそうですね。奏で、歌い、踊り、演じる。そのエネルギーがこだましている空間は、パワーに満ちています。

最上のサービスが提供される空間としては、ホテルや老舗旅館などが挙げられます。

お客様をおもてなしするという目的のために、全身全霊を込めて造られた空間からは、やはりその思いが感じられます。

また、教育を受けたスタッフのサービスも一流です。

高級なお店で、毎日食事をする必要はもちろんありません。

でも何かの折には、そのような場所で一流のサービスと本格的な味、そして少し緊張感のある空気を味わう。

カジュアル旅行も良いけれど、たまには五つ星の老舗に宿泊して、一流のおもてなしと快適さを体感する。

街中のカフェも良いけれど、たまには天井の高いラグジュアリーなラウンジでお茶をする。

そうすることで、気分も変わります。

外出がままならなくても、普段の生活の中で工夫はいろいろできます。

たとえ狭くても、整理整頓されたキレイな空間で丁寧に生活することで、自然と美しいたたずまいが身につきます。

逆に、どんなに広くても雑多な空間でバタバタと生活していると、がさつな雰囲気が身についてしまいます。自分が身を置く日々の空間と暮らし方ひとつで、身につく印象はおのずと違ってくるのです。

今の自分の身の丈に合った上質な空間とは何か、考えてみましょう。

上質な空間に身を置くことで、自然と存在感は身についてきます。

存在感を身につけるカギ②
存在感のある人とともに時間を過ごす

存在感を身につけるカギの２つ目は、**「人」**です。

存在感のある人は何も言わずとも、ただ「在る」だけでオーラを発しています。

「存在感のある人」には人間的な厚み、深さ、パワーがあります。そんな人たちとぜひ、お近づきになりましょう。

「存在感のある人」が身につけている教養、ものの見方や考え方、精神性、心の持ち方などを理解しようと努めると、人間としての自分の質が上がります。エレガントで洗練されたしぐさを見てマネすることで、品格とはどういうものなのか、マナーとはなんのためにあるのか、そのようなことも理解できるでしょう。

また、その人たちの生活の一端に触れることで、**本当の豊かさ、ゆとりとはどういうものなのか**を感じることもできるでしょう。

お話を聞かせていただく、ひと時をご一緒させていただく、テーブルをともに囲ませていただく、そんな機会を積極的に作りましょう。

そして差し支えない範囲で、聞いてみてください。**これまでの人生の経緯、大切にしている価値観、夢、望む世界の在り方などを。**そうすることで、その人たちの存在感がどこから来るのか、感じ取ることができるはずです。

多くの場合、その人たちは年長者で、社会的にも格上である可能性が高いでしょう。

そのような人とお近づきになったり、話したりすることに、気が引けることもあるかもしれませんが、全く臆する必要はありません。皆同じ人間ですから。

気をつけたいのは、見た目が華やかで個性的でも、中身が伴っていない場合は、存在感があるとは言えないということです。成功者のように雄弁に語っていても、大金持ちのように振る舞っていても、その人に中身があるとは一概には言えません。

誰と付き合うかはとても重要です。一緒にいて気を遣わなくても良い人と付き合うのも、もちろん悪くありません。

でも、時には緊張感を持って人と接することで、多くのことに気づくことができ、内面が充実していきます。そのようにして、存在感は身につくようになります。

存在感を身につけるカギ③
存在感のあるものを選ぶ

存在感を身につけるカギの３つ目は、**「もの」**です。

「存在感のあるもの」を選んで使うことで、あなた自身も存在感を身につけることができます。

では、「存在感のあるもの」とは何でしょう？　それは、**本物、優れた品質のもの、芸術性の高いもの、代々受け継がれているもの、想いの込められたもの**などです。

本物、優れた品質のもの、芸術性の高いものなど、それなりに良いものを選ぶことで、**セルフイメージが上がり、自分はそれを身につけるに相応しい、使うに相応しい存在であると**自覚するようになります。

「自分に相応しい」という自覚は、自信につながり、あなたのマインドを変えてくれます。

日々身につけるものと言うと、時計、眼鏡、名刺入れ、お財布、バッグ、シューズ、宝飾品、小物などです。身につけるもの以外では、日々の生活で使う食器類、家具、インテリア小物に至るまで、様々なものが含まれます。

使えればいいと適当に選ぶのではなく、日常で使うものだからこそ美しく、存在感のあるものを選びましょう。

誤解しないでいただきたいのは、見栄や見せびらかしのために高級品を購入し、身につけるのとは違うということです。

どんなに素晴らしいものでも高級すぎたり、自分の身の丈に合わないものは、それだけが浮いて見えます。自分の存在感が、そのものに負けてしまうのです。

背伸びすれば手が届く範囲で優れたものを選ぶとバランスがとれます。

また、**代々受け継がれてきたもの、手編みのニットや手刺繍の服**など、想いの込められたものも、存在感のあるものと言えます。

これを機に、これからの自分に相応しいものを、ちょっと背伸びして自分にプレゼントしてみてはいかがでしょうか。

心の柔軟剤を手に入れる方法①
物事にしがみつかない

見えないマインドを育て、存在感を身につけるためには、常に心を柔らかく保つ必要があります。

柔らかい心を保つ方法を3つ、ご紹介しましょう。

ひとつ目は、**物事にしがみつかない**ことです。何事も執着しないで、なるべく手放すようにしましょう。今まで安住していた立場や、慣れ親しんだやり方などを手放すことも、時には必要になります。

物事にいつまでもしがみついてしまう大きな原因のひとつは、**「変化を恐れる不安の思い」**から来ることが多いです。

人が現状維持を望み、変化を恐れるのはごく自然のことですが、それでは心を柔らかくすることはできません。変化は進化にもなり得ることを知り、必要以上に怖がらないようにしましょう。

物事にしがみついてしまうもうひとつの原因は、**「思い込みによる固執」**です。「今までやってきた方法がベスト。新たな方法に変える必要はない」「私にはこういうデザインが似合う。他のものは似合わない」など、自分の考え方、在り方やスタイルは、長年の思い込みでできあがっていることが往々にしてあります。「私ってこんな感じ」「私はこう在る」という場所に居座り続けると、進化や成長から遠ざかってしまいます。

「いつも同じような感じでなくてもいいか。時には違うものを使おう」

「〝こう在ること〟にしがみつかなくても大丈夫よね。見方を変えてみよう」

と、自分に選択の幅を与えて、他の考え方にも許可を与えることができると、これまでの経験に縛られることなく、世界は広がります。

しなやかなバランス感覚を持ち、臨機応変な考え方ができてこそ、心が柔らかくなるのです。

心の柔軟剤を手に入れる方法②

「あきらめ」と「限定思考」をやめる

2つ目は、**「あきらめ」と「限定思考」をやめる**ことです。

「私なんかにできるワケない」「もう歳だから無理」「私って、所詮こんな程度……」

このような「あきらめ」は、一種の自己放棄です。何かと理由を作って自分を制限する、ワクにはめて考える「限定思考」と似ています。

あきらめて、勝手に自分を決めつけて、可能性にフタをしてしまっている状態です。仮にそのままだと、成長はストップして老化の一途をたどり、あきらめの想いが心に沈殿し、心はどんどん固くなってしまいます。

手遅れにならないうちに、ほぐす手立てを考えましょう。なぜなら、このあきらめは、あきらめている自分を逆に肯定してしまい、図々しさ、ふてぶてしさに発展する場合があるからです。

このあきらめと限定思考がどこから来るのかと言うと、**自己肯定感の低さ**からです。

自己肯定感が低いと当然、自信もありません。自信がないので、できない理由、やらない理由を探してしまうのです。

これを防ぐには、**「5Dワード」**を使わないようにすると良いでしょう。

「5Dワード」とは、**「ダメ、だって、でも、できない、どうして」**など、あきらめと限定思考のフレーズです。特に「でも」と「だって」は、気づかずに使っている場合が意外とあるので意識しましょう。

代わりに積極的に使いたいのは**「5Sワード」**です。

「5Sワード」とは、**「さすが！　最高！　すごい！　素敵！　素晴らしい！」**のフレーズです。

これらを自分に対して使いましょう。「私ってすごい！　私って最高！」など、自分を褒めるために使うのがポイントです。

誰でも皆、自分を肯定してほしいし、認めてもらいたいものです。なのに、誰もそれをやってくれない。誰も褒めてくれないのなら、自分で自分を褒めれば良いのです。

北風の前で心を固く閉ざすのではなく、太陽のように明るい褒め言葉で、あきらめと限定思考の鎧を脱ぎ捨てましょう。

心の柔軟剤を手に入れる方法③
好奇心をキープする

3つ目は、**好奇心をキープする**ことです。

好奇心旺盛な人は、年齢とは無関係にいつも若々しく見えませんか？

ちょっと試してみよう、覗いてみよう、チャレンジしてみよう、何だろう、なぜだろうという好奇心は、前向きなエネルギーです。

エネルギーが巡っていれば心は柔軟でいられますが、滞ってしまうと当然、心も固くなります。

残念ながら、持とうと思ってもすぐには持てないのが好奇心です。その場合はまず、いつもの生活パターンを、ちょっと変えてみることから始めてみると良いでしょう。

例えば、次のようなことを試してみましょう。

・いつものルートとは違う道を通る

・いつもとは違うお店で買い物をする
・いつもとは違うレシピで料理をする
・いつもとは違うテレビ番組を観る
・いつもとは違う雑誌を読んでみる

こんなことを試すだけでも、新しい発見や気づきがあるはずです。
慣れてきたら次は、

・いつもとは違うメイクを試してみる
・ショップに入って気になる服を試着してみる（試着は無料です）
・ヘアサロンに行って髪型を変えてみる
・エステに行ってピカピカにキレイにしてもらう
・おしゃれなホテルでティータイムを楽しんでみる

などをやってみてください。

自分で自分に、ちょっとした刺激を与えてあげることが大切です。変化を楽しむ気持ちを味わったら、好奇心があなたの中に芽生えるはずです。

女性は年齢に関係なく、いつまでも若々しく輝いていたいと願うものです。

見えるものはすべて、見えない内面の想いや考え方の表れです。ここでは、その見えない内面の磨き方をお伝えしました。

ファッション、アクションだけでなく、マインドこそが、好印象を身につける上でいかに大切かを、おわかりいただけたと思います。

すべて「今」から始められる、実践的で効果のある方法です。これを読んで終わり、ではなく、どれかひとつでもぜひ、今日から始めてみてください。

見えないマインドの重要性を知り、常に意識し、磨く努力をする人こそが、真の「好印象に魅せる」方法を手に入れることができます。

Chapter ＊ 6

「選ばれる人」になる方法

魅せたいイメージ別 好印象のヒント

ここまで、相手の心をつかみ、選ばれる人となるために重要な「ファッション」「アクション」「マインド」の磨き方についてお伝えしてきました。

ここでは、自分が魅せたいイメージを表現する具体的な方法についてご紹介いたします。

ここでご紹介するイメージは次の6つです。

・若々しさ、新鮮さ、ハツラツさを表現したい場合
・優雅さ、柔らかさ、奥ゆかしさを表現したい場合
・大人可愛さ、ツヤっぽさ、しなやかさを表現したい場合
・クールビューティーさ、姐御っぽさ、サッパリ感を表現したい場合
・責任感、信頼感、思慮深さを表現したい場合

・華やかさ、ダイナミックさ、大胆さを表現したい場合

この6つのイメージは、私独自の印象診断メソッドである、「好印象スター診断®」（※）のキャラクター（アイドルタレント、清純派女優、小悪魔女優、アクション派女優、ニュースキャスター、宝塚スター）をベースとしています。

これら6つのイメージのうち、自分が魅せたいイメージを基準に選んで実践してみてください。どのタイプを選んでも構いませんが、自分が違和感を覚えるイメージは避けるようにしましょう。

次の項目から、イメージ別にそれぞれの具体的な表現方法の基本を紹介しています。ぜひ、イメージ作りの参考になさってください。

※「好印象スター診断®」のキャラクターは、個人の身体のつくり、動作、雰囲気などをもとに分析して6タイプに分けたものです。この「好印象スター診断®」は、サロンにて随時行っています。

若々しさ、新鮮さ、ハツラツさを表現したい場合

みずみずしくフレッシュな雰囲気を持ち、行動的で、旬の情報に敏感に反応する。たとえどんなに歳を重ねても、決して老け込まず、常に若々しい感性を保ちながら、様々な事柄に興味を持つ女性。そんなイメージです。

特に可愛らしさ、元気いっぱい、キュートさを強調したい場合は、**「アイドルタレント」**をイメージして、元気いっぱいな雰囲気作りを目指すと良いでしょう。

そんなあなたから、周囲は躍動感、前向きなエネルギーを受け取るでしょう。

ファッション

・デザイン選びから服の着方、小物やアクセサリーの使い方まで、トレンドを意識します。中でも可愛らしさのあるものは子どもっぽく、安っぽくならないように注意して品良く表現しましょう。例えば、キャラクターがプリントされた服や小物など

を使う場合は、小さめの面積にとどめて、フリルやリボンなどのディテールも、さりげなく使うようにしましょう。全体に重く見えないように、軽さやフィット感を大切にして、コンパクトにまとめます。

・チュールレースや綿など、素材は薄手で柔らかさのあるものを中心に、多少の張り感のあるものを選びましょう。厚手のツイードや固いレザーなど、厚みのある素材や固く重量感のあるものは避けるようにします。

・花柄やドット柄など、どちらかと言うと曲線的で具象的な柄を選びましょう。鋭角すぎる柄は避けるようにします。

・お花のように明るく、濁りのない色使いで新鮮さを表現します。黒やダークな色を使う場合は、少量にとどめることを基本に考えます。また赤と白のような、メリハリのある色使いも良いでしょう。

❋アクション

「活力」を見せるように心がけると良いでしょう。

動作は軽くリズミカルに、身体は常に動くように。笑顔は明るく表情も豊かに、瞳も機敏に動かします。声は大きく、ハツラツとしたメリハリのある話し方を心がけます。

❋マインド

ワクにとらわれない新鮮な発想、今の流れに敏感に反応する、フレッシュで若々しい考え方を大切にしましょう。

優雅さ、柔らかさ、奥ゆかしさを表現したい場合

優しい女性らしさにあふれたロマンティックな雰囲気で、控えめで保守的。自分から率先して前に出ることはせず、常に半歩控えて、立てるべき人や物事を優先する、律儀な女性。そんなイメージです。

特に清楚さ、純心さを強調したい場合は**「清純派女優」**をイメージして、柔らかい雰囲気作りを目指すと良いでしょう。

そんなあなたから、周囲は控えめな奥ゆかしさと、ホッとできる安心感を受け取るでしょう。

ファッション

・優しい女性らしさをテーマに、トレンドを追うことはせず、旬なテイストは小物などでさりげなく取り入れながら、程良く甘さのある、クラシックな着こなしで上品

にまとめましょう。ただし、地味すぎたり、コンサバになりすぎたりしないように注意します。

・ジョーゼットや、シルクなどの上質素材など、素材はやや薄手から中くらいの柔らかい質感のものを選びましょう。繊細なレース、ハイゲージニットなどもおすすめです。厚手の素材、ゴワゴワした粗い質感は避けましょう。

・水彩画のような優しさのある花柄や抽象柄、古典的な小紋柄などを選びましょう。チェックやストライプなど、直線的でシャープなイメージの柄は避けるようにします。

・ベージュ系、グレー系などのニュートラルな色味の、同系色使いを基本に考えましょう。

❈ アクション

「配慮」を見せるように心がけると良いでしょう。

落ち着きのある丁寧な動作で、アイコンタクトは深く、話し方は優しく、ややゆっくりめに。相手の話を熱心に聞く態度、相槌が重要です。共感や驚きなどは、表情で反応するように心がけましょう。

❈ マインド

調和を重視し、人をサポートする姿勢を大切に。自分が率先して前に出るよりも、常に半歩控える奥ゆかしさを大切にしましょう。

大人可愛さ、ツヤっぽさ、しなやかさを表現したい場合

ほんのり色っぽい、コケティッシュな雰囲気を持ちながらも、自分をしっかりと表現する。その場の空気を敏感に汲み取って、カメレオンのように自分を変化させ、立ち回れる臨機応変な女性。そんなイメージです。

特にツヤっぽさ、女性らしさを強調したい場合は、**「小悪魔女優」**をイメージして、大人可愛い雰囲気作りを目指すと良いでしょう。

そんなあなたから、周囲はバランスのとれた、しなやかな色っぽさを受け取るでしょう。

ファッション

・大人可愛いイメージを大切にして、甘い&辛い、ソフト&ハード、フェミニン&マニッシュなど、両極の要素をコーディネートに取り入れる「甘辛ＭＩＸ」をテーマ

にしましょう。全身がフェミニン1色になると、色っぽくなりすぎる場合があるので注意します。

・サテンやベルベットなど、柔らかくも質感のある素材が似合います。ニュアンスのある素材や新しい素材、程良いラメや光沢感のある素材など、遊び心を取り入れましょう。

・モダンな雰囲気の花柄や、ニュアンスのある抽象柄がおすすめです。アニマル柄を取り入れる場合は、品の良い小振りのものが良いでしょう。

・鮮やかすぎない、柔らかい色使いを基本に考えましょう。

アクション

「臨機応変さ」を見せるように心がけると良いでしょう。
多彩に変化する表情、常に腕や指先を動かすリズミカルな動作を意識します。相手の話に対して賛同する、質問するときのタイミングを見極めることが大切です。また、自分が主役になるときと、脇役になるときの使い分けも意識しましょう。

❊ マインド

場の空気を読んでカメレオンのように切り替える、臨機応変で合理的なバランス感覚を大切にしましょう。

クールビューティーさ、姐御っぽさ、サッパリ感を表現したい場合

媚びのない、クールでサッパリとした雰囲気を持ち、自分から積極的に前へ出る。自分なりの価値観のモノサシをしっかり持っているので、ブレがない。異性からも、同性からも憧れられ、頼られる。周りに集まる仲間の面倒を、ついつい見てしまう姐御肌の女性。そんなイメージです。

特にアクティブな姐御っぽさを強調したい場合は、**「アクション派女優」**をイメージして、クールでカッコ良い雰囲気作りを目指すと良いでしょう。

そんなあなたから、周囲は媚びのない正義感と、清々しさを受け取るでしょう。

ファッション

・クールビューティーな女性らしさを意識して、洗練されたモードなテイストをコーディネートに取り入れましょう。アウトドアアイテム、スポーツ系アイテムを組み

込むのも良いでしょう。基本的に、シャープでシンプルなデザインが似合います。

・やや張りのある素材や、適度に重さのあるもの、表面に凹凸感のあるような表情のある素材を選びましょう。メタリックなどの光沢感や、エナメルなどツヤ感のある素材など、モダンでカッコ良い雰囲気の素材がおすすめです。スポーツ系のストレッチ素材も良いでしょう。

・クールモダンなイメージの花柄や抽象柄、シャープな雰囲気のチェック、ストライプ、ボーダーなど直線的な柄、洗練されたアニマル柄が良いでしょう。

・ハッキリとした濁りのない色使いを基本に考えます。

アクション

「決断力」を見せるように心がけると良いでしょう。
自分の立ち位置を把握した、キビキビと無駄のない動作を意識します。歩幅は大きく、姿勢にも気をつけましょう。発する声には張りがあり、ハッキリとした口調で断定的な話し方を意識しましょう。迷う時間も少なくします。

❊ マインド

イエス・ノーがはっきりした裏表のない明快さと、臨機応変で合理的に物事を考える、バランス感覚を大切にしましょう。

責任感、信頼感、思慮深さを表現したい場合

責任感が強く、周りの言動に左右されない落ち着いた雰囲気を持つ、地に足の着いたタイプ。うろたえたり、はしゃいだりすることは少なく、安定感があるので、つい頼りたくなる女性上司。そんなイメージです。

特に、仕事における有能さや正確さを強調したい場合は、ベテランの**「ニュースキャスター」**をイメージして、誠実な雰囲気作りを目指すと良いでしょう。

そんなあなたから、周囲は信頼できる心強さを受け取るでしょう。

ファッション

・大人の女性らしい落ち着いた雰囲気を、全体的に控えめでも、グレード感のあるコーディネートで表現しましょう。素材、仕立て、フィット感ともに良いものを、気負わずに着こなすのがポイントです。

・適度な質感のあるもので、グレード感のある素材を選びます。やや張り感のあるもの、厚みがあるものや、上質な皮なども良いでしょう。フワフワした素材やフリフリしたディテールは避けましょう。

・大人っぽくて大胆な柄、個性的な抽象柄などを選びましょう。ストライプ、ボーダーなどはやや太めで、重量感を感じるものが良いでしょう。甘く可愛らしさのある柄、子どもっぽいキャラクターものは避けるようにします。

・濃紺、チャコールグレーのような、ややダークで深みのある色味、落ち着いた色使いを基本に考えます。

アクション

「落ち着き」を見せるように心がけると良いでしょう。

地に足の着いたしっかりとした動作で、アイコンタクトにも落ち着きを持たせます。

長い沈黙もいとわず、相手の出方を待ち、決して急かさないようにしましょう。せかせかした動作、落ち着きのない態度は避けます。

低めのトーンでの、穏やかで正確な話し方を意識すると良いでしょう。

❊マインド

責任感を大切にし、調和を重視し、相手に寄り添いサポートする姿勢を大切にしましょう。

華やかさ、ダイナミックさ、大胆さを表現したい場合

パワフルで、インパクトの強い独特な雰囲気を持ち、個性的でイヤでも目立つ。ものの考え方、やり方、すべてに一貫する自分の価値観があり、躊躇せずに物ごとを即断即決する、大胆で豪快な女性。そんなイメージです。

特に華やかさ、ゴージャスさを強調したい場合は、**「宝塚スター」**をイメージして、ダイナミックな雰囲気作りを目指すと良いでしょう。

そんなあなたから、周囲は自信に満ちたパワフルなエネルギーを受け取るでしょう。

ファッション

・大人の女性のゴージャスさを上品に表現し、個性的で大胆な装いを自信タップリに着こなしましょう。グラマラスでインパクトのある雰囲気を大切に。重量感、ボリューム感のあるものでも、さらりとスマートに着こなすのがポイントです。

・ペラペラな安っぽい素材は避け、適度な質感のあるものを選びましょう。凹凸感のある素材、やや張り感のある素材、程良いラメや光沢感のあるものなど個性的な素材が良いでしょう。爬虫類を含む皮素材、毛皮なども相応しいです。

・大人っぽい大胆な柄、個性的な抽象柄、洗練されたアニマル柄などがおすすめです。太めのストライプやボーダー、例えば、青＋黒＋白＋黄色を組み合わせるなどの、大胆な配色切り替えなども良いでしょう。細かく小さい柄は避けます。

・白・黒モノトーン＋鮮やかなアクセントカラーを大胆に組み合わせるなど、華やかで個性的な色使いを基本に考えます。シルバーやゴールドなど、メタリックな色使いもおすすめです。

アクション

「リーダーシップ」を見せるように心がけると良いでしょう。

ウロウロしたり、キョロキョロしたりせず、自信に満ちた大胆な動作を意識します。

アイコンタクトは強く、表情も豊かに。大きな声で、語尾まで明確に話すよう心がけましょう。

マインド

即断即決するなど、大胆で豪快な考え方を大切に。優柔不断な考え方は似合いません。自分なりの価値基準をしっかり持つことを大切にしましょう。

いかがでしょうか？
これらの6タイプは、イメージ作りのためのあくまでも基本の「魅せ方」ですが、ファッションだけでなく、女優になったつもりでアクション、そしてマインドも意識してみてください。参考になれば幸いです。

自分を100%活かす好印象チェック

ファッション、アクション、マインドをベースに磨きをかけ、相手の印象に残り、選ばれるための方法を知ったあなたは、**「好印象で魅せる」セルフプロデュース力**をご自分のものにされたと思います。

最後に、これまでお話ししてきたことをちゃんとご自分のものにできているかどうかを確認する、好印象チェックをご紹介します。

ごく基本的なチェック項目ではありますが、チェックすることで復習にもなりますので、確認してみてください。

目に見えるファッションや色使いの部分は、全身が映る「姿見」の前に立って、チェックしてください。

見えないアクションやマインド部分は、ご自分に問いかけてみてください。

❇ファッション

□装い全体の、シルエットバランスはとれていますか？
□体型コンプレックスは、上手くカバーできていますか？
□服に汚れ、ほつれ、シワなどはなく、清潔感がありますか？
□小物やアクセサリーを効果的に使っていますか？
□服とヘアメイクのバランスはとれていますか？

❇色使い

□装い全体の、色のトーンは揃っていますか？
□地味で寂しい色使いになっていませんか？
□ベースカラーだけでなく、アクセントカラーもありますか？
□顔は明るく見えていますか？
□顔が暗く、くすんで見えていませんか？

❇アクション

□笑顔を作ってみましょう。笑顔は明るいですか？
□背中が丸くなっていませんか？
□眉間にシワが入っていませんか？
□表情豊かに話すことをイメージできていますか？
□相手に聞き取りやすい話し方をイメージできていますか？

❇マインド

□肯定的な言葉を使っていますか？
□5Dワードは使わないように意識していますか？
□ワクワクすることはありますか？
□気持ちが明るくなることを考えるようにしていますか？
□物事に執着するのをやめて、手放していますか？

お出かけ前はもちろん、自宅で過ごすときも、朝の身繕いをすませたら、姿見の中の自分を見ながら、これらを確認しましょう。

細かいことをチェックし始めるとキリがありませんが、姿見の前では前、横、そして後ろ姿、全身を映して確認することが重要です。

見えない部分に関しては、常に意識することが大切です。

そして「よし、OK！」と思ったら、ニッコリ笑顔で自分にあいさつしましょう。「今日も1日、笑顔いっぱい、元気いっぱいで過ごそうね！」と。

すると、自信もついて、充実した1日を過ごせるようになるはずです。ぜひ、試してみてください。

本書では、好印象を作るために必要な3つの軸である、「ファッション」「アクション」「マインド」について、またそれぞれの磨き方について、お伝えしてきました。

好印象は、見た目の良い「ファッション」だけでは成り立たない、ということをご理解いただけたと思います。

私が考える好印象とは、単に見た目の印象が良い、というだけではなく、すべてを含む**個人の在り方**そのものを指します。

ですので、自分らしさを活かした好印象を手に入れるためには、まずは自分本来の良さを知り、認め、受け入れることから始まります。

何を選ぶか、どう活かすか、いつ行動するか、など、すべては私たち一人ひとりの自由意志に任されています。

自分をどう「魅せるか」。自分らしく輝くためには、在りたい自分、なりたい自分、魅せるべき自分という目標を、自分で定めて、そこへ向けて行動を起こす必要があります。

自分らしく輝く未来を手に入れるために必要なことは、**常に自分の在り方を意識すること**、そして、頭で考えるばかりではなく、**行動すること**です。

本書で学んでいただいた事柄を、単に知識としてだけで終わらせないためにも、ぜひ、日々の生活の中で活かしていただけると嬉しいです。

おわりに

「先月受けた面接で、採用していただけることになりました。正社員です！

『他の人に似合う服が自分に似合わなくても、嘆くことはない。自分に似合う服、合う着こなし方は、必ずあるから！　すべての女性は、絶対に、それぞれ美しさを持っているの。魅せ方さえ知って取り入れていけば、必ず輝ける！』

実践できるたくさんのノウハウだけでなく、眞里先生の言葉に自尊心と勇気をいただきました。本当にありがとうございました」


個別講座、「好印象プロデュースプログラム」を受講された方からいただいた、嬉しいご報告です。


私が受講生の方々に望むのは、単にキレイに変身していただくことではありません。

おしゃれや色使いが上手になる、笑顔が良くなる、ポージングが決まる、などの表面的な変化を手にしていただくことが目的でもありません。

それらを身につけることで、「自分らしく輝いて生きる」ようになっていただくことが、一番の望みです。

自分らしく生きるとは、本来持つ自分の資質を知り、受け入れ、活かすことですが、誰もがすぐにできるわけではありません。

女性は装いやヘアメイクなどで見た目が変わると「私、こんなに変われるんだ！」と自分の可能性に気づき、自信を持てるようになります。そして自信が手に入れば一歩踏み出す勇気が湧いて、物事がどんどん変化していきます。

でもこれ、実を言うと「変わる」のではなく、本来の自分らしさを「取り戻している」のです。

本来の自分らしさを取り戻し、それを最大限に活かして輝く！

それは、与えられた生命《いのち》を活かすことにつながります。

私たちの中には「無限の可能性」が眠っています。人生は自分の想い次第でいかようにも変化します。その可能性に気づけば、本当の幸せを手にすることができます。

ファッションも、笑顔も話し方もマナーも、その「可能性」に気づくための数あるツール、手法の中のひとつです。

身体と心。外見（ソトミ）と内面（ナカミ）。

これらの軸がしっかりつながったとき、人は最大に輝くと信じています。

時間がかかっても全く問題ありません。年齢も関係ありません。すべての人にそれぞれのタイミングがありますから。

ひとりでも多くの女性が、本来の自分らしさを活かしてイキイキと光り輝くことを、心から願います。

本書が、皆さんの無限の可能性の扉を開く、ひとつのきっかけになれば幸いです。

最後に本書を出版するにあたり、貴重なアドバイスをくださった飯田伸一さん、編集に携わってくださったあさ出版の李美和さんをはじめ、いつも私を応援、サポートしてくださるすべての皆様に、心からの感謝を込めてお礼を申し上げます。

２０２０年12月

好印象プロデューサー　原田眞里

著者紹介

原田眞里（はらだ・まり）

好印象プロデューサー／株式会社プレミアムステージ代表取締役／好印象プロデュースアカデミー主宰
ニューヨーク州立ファッション専門学校F.I.T.卒業。ファッションビジネスの本場、ニューヨークのアパレル業界で約10年のキャリアを積む。帰国後は、ファッションデザイン企画会社を設立して独立。デザイナー、バイヤー、コンサルタントとして20年以上にわたり、8000人以上の女性たちの装いと印象作りをサポートしてきた。

「ファッション迷子」「印象迷子」の方々をより深いレベルでサポートしたい、との思いで現在は、独自開発の「好印象スター診断®」「好印象ヒーロー診断®」で個人の印象の基礎を見つけ、それをもとに好印象に磨きをかける「好印象プロデュースプログラム」を提供。女性起業家、ビジネスパーソン、ドクター、弁護士、政治家まで、幅広いクライアントを持つ。

2017年10月、好印象プロデュースアカデミーを開講。アドバイザー育成にも力を入れながら、企業での印象戦略研修講師、東京都主宰の女性復職支援セミナー講師としても活躍中。

女性が本来の自分らしさを取り戻し、いきいきと輝いて生きるためのサポートを自らの志命としている。

●好印象プロデュースアカデミー
https://premiumstage.com

●スター性を見つけて好きな仕事で輝く秘訣
「好印象レボリューション」無料メールレッスン
https://premiumstage.com/mailmagazine/

〈検印省略〉

ニューヨークで学《まな》んだ最高《さいこう》の魅《み》せ方《かた》
自分《じぶん》を100％輝《かがや》かせるセルフプロデュース術《じゅつ》

2021年　1月　30日　第　1　刷発行

著　者――原田 眞里（はらだ・まり）
発行者――佐藤 和夫

発行所――株式会社あさ出版
〒171-0022 東京都豊島区南池袋2-9-9 第一池袋ホワイトビル 6F
電　話　03（3983）3225（販売）
　　　　03（3983）3227（編集）
F A X　03（3983）3226
U R L　http://www.asa21.com/
E-mail　info@asa21.com
振　替　00160-1-720619

印刷・製本（株）光邦

facebook　http://www.facebook.com/asapublishing
twitter　http://twitter.com/asapublishing

ISBN978-4-86667-256-4 C0095